I0409372

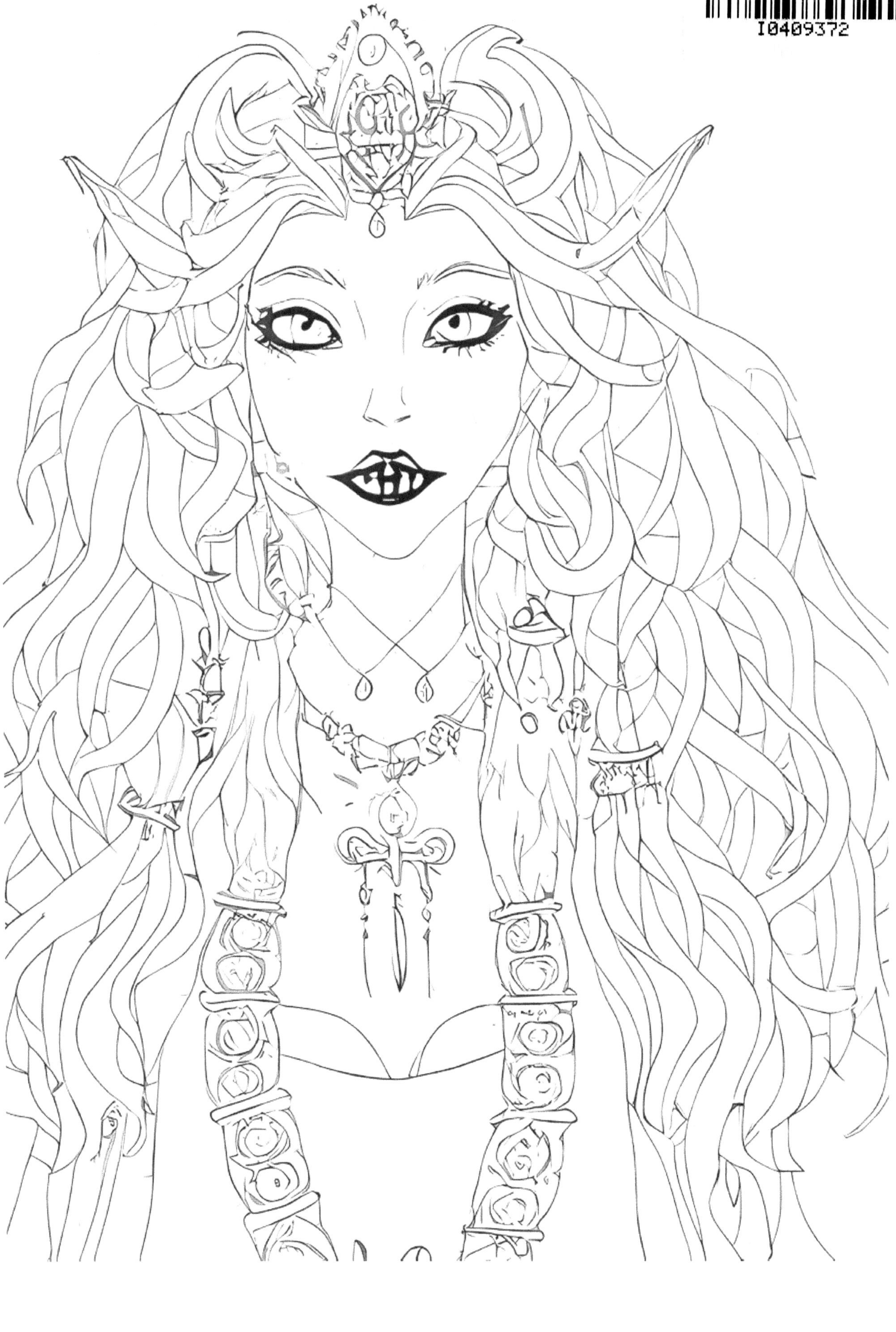

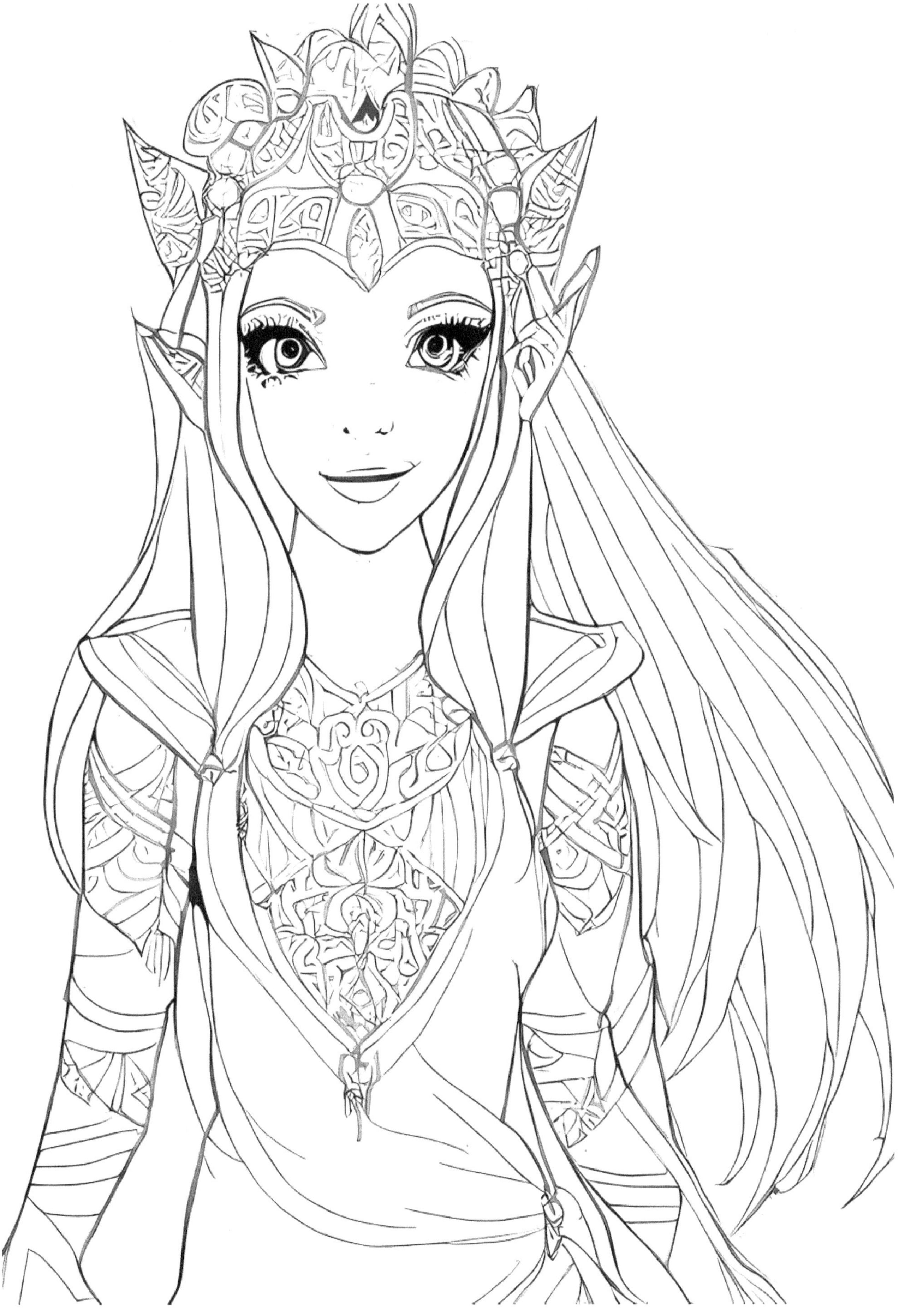

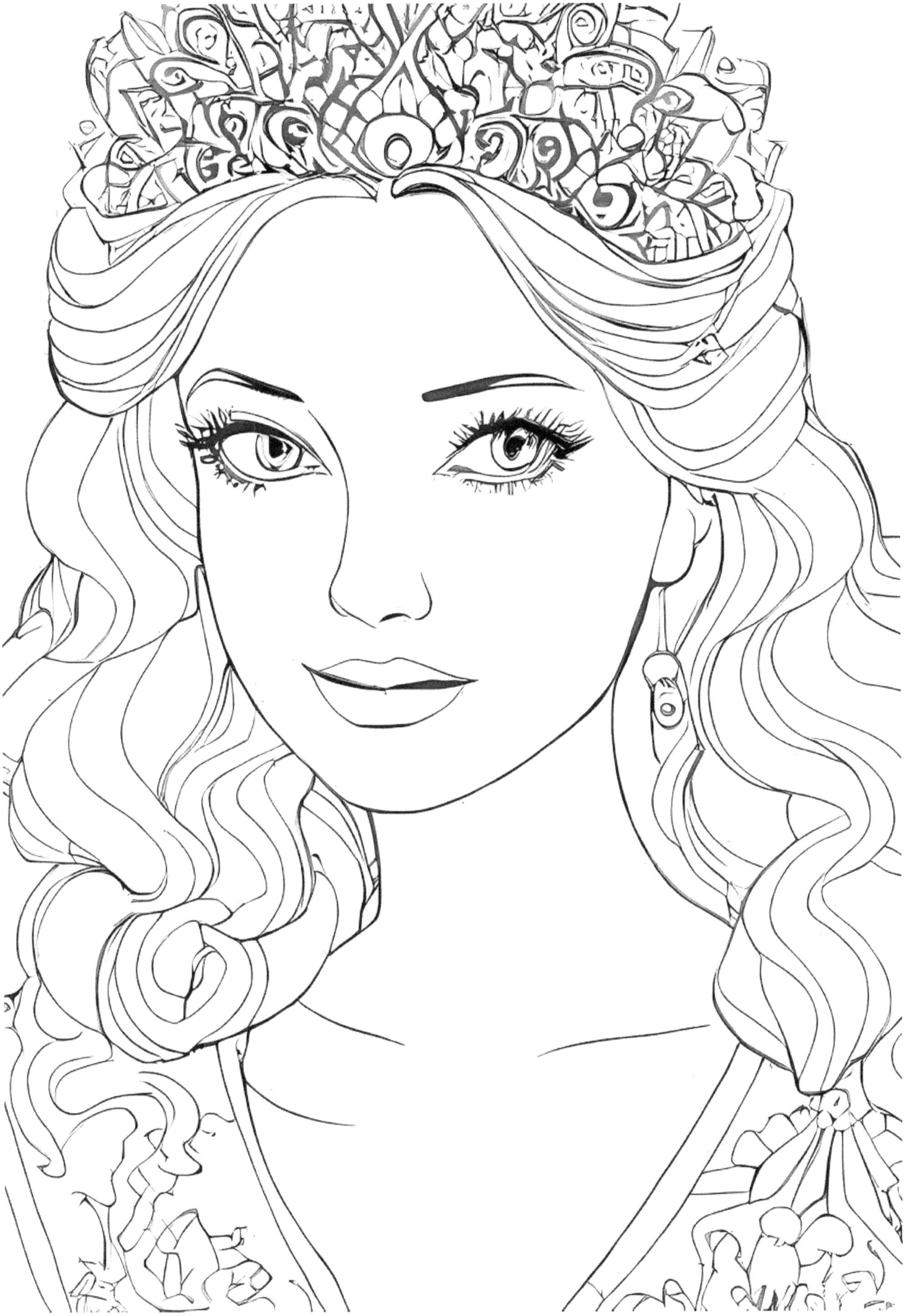

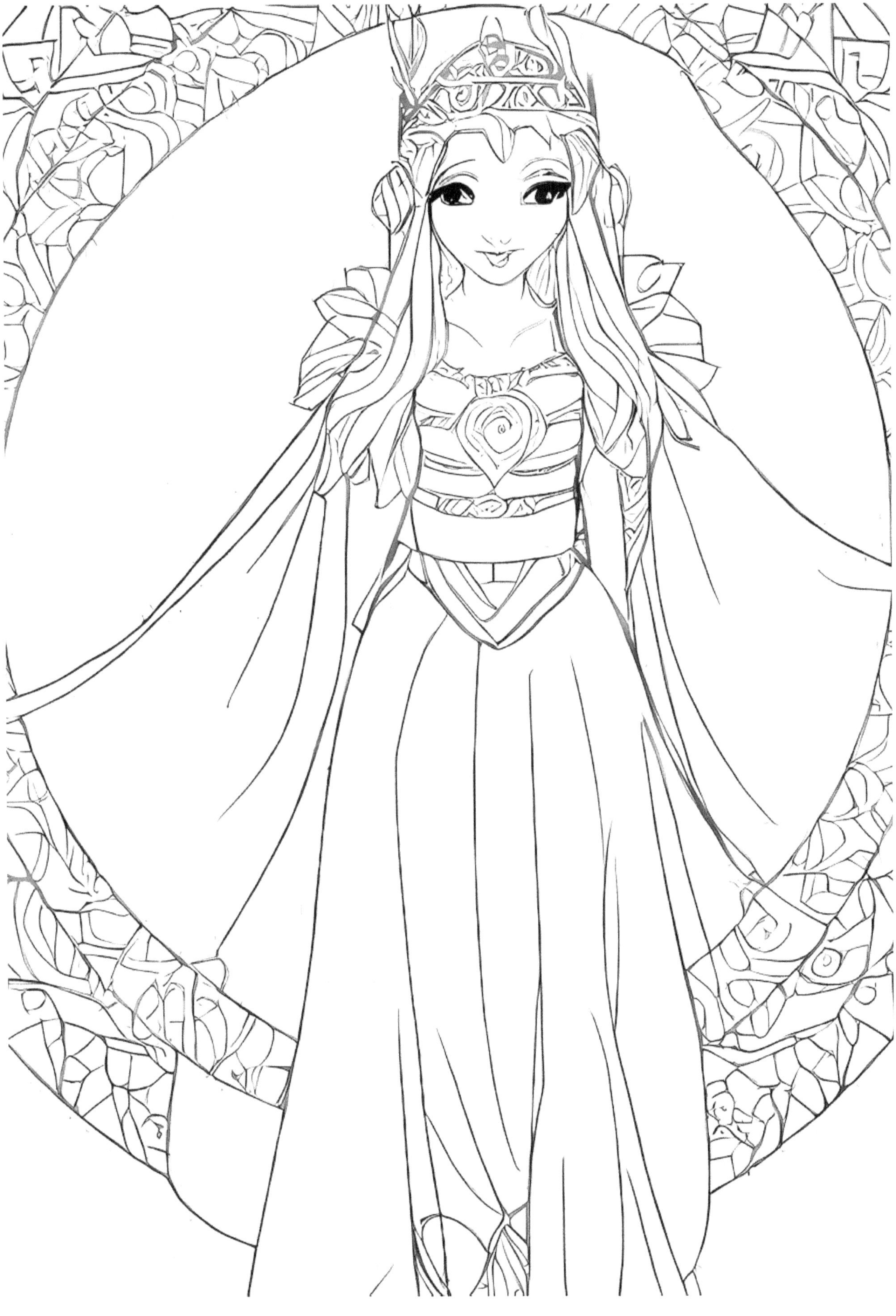

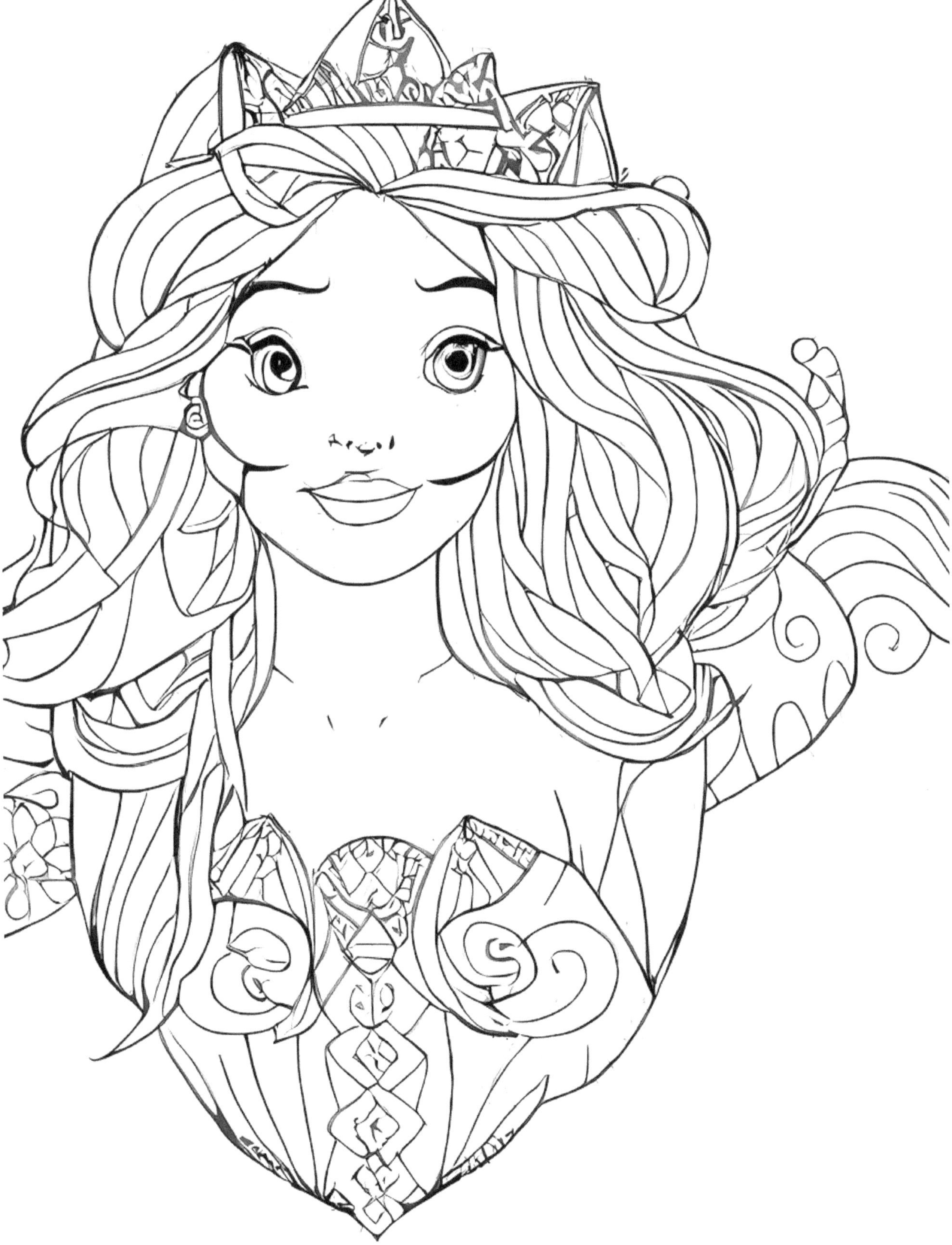

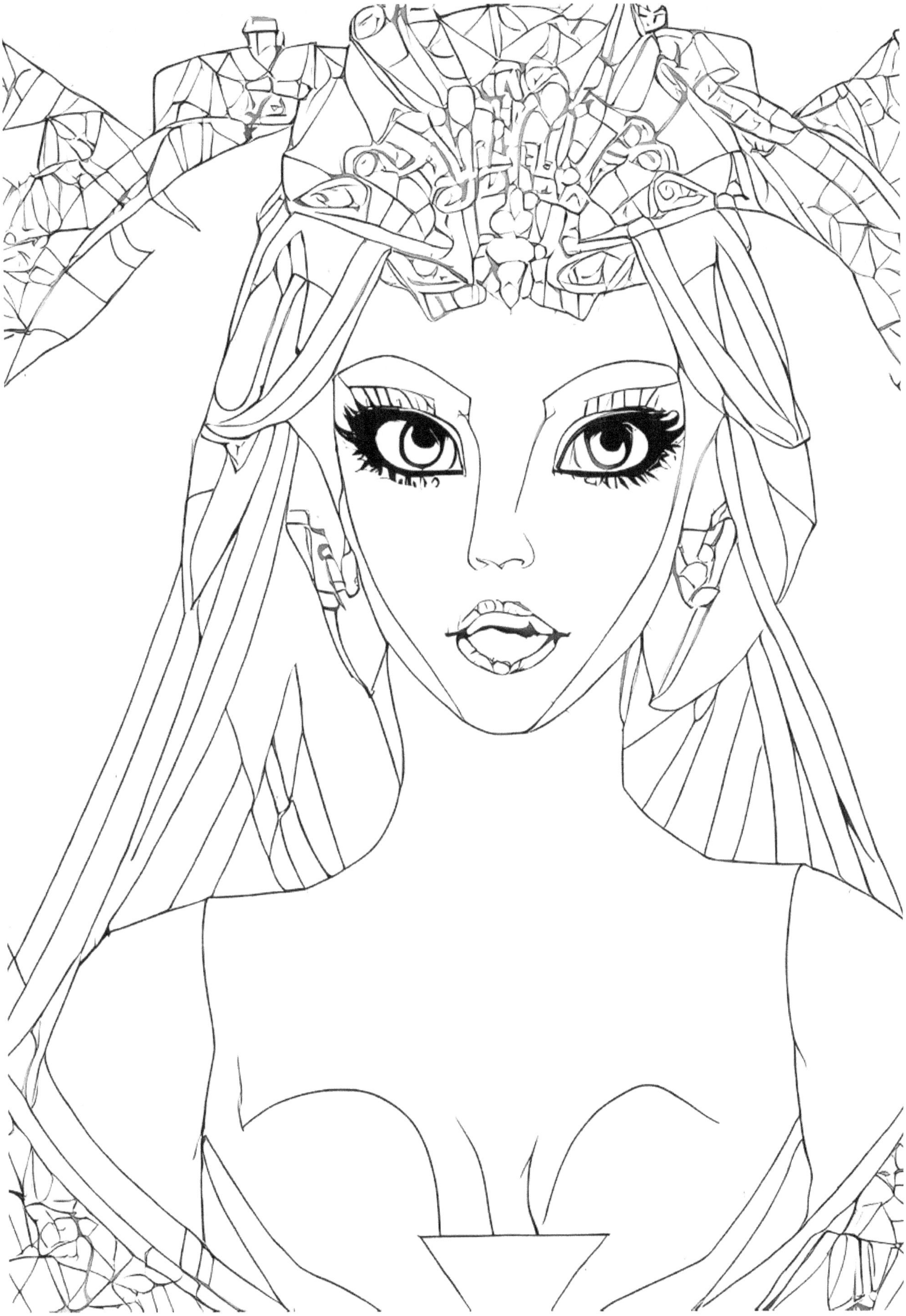

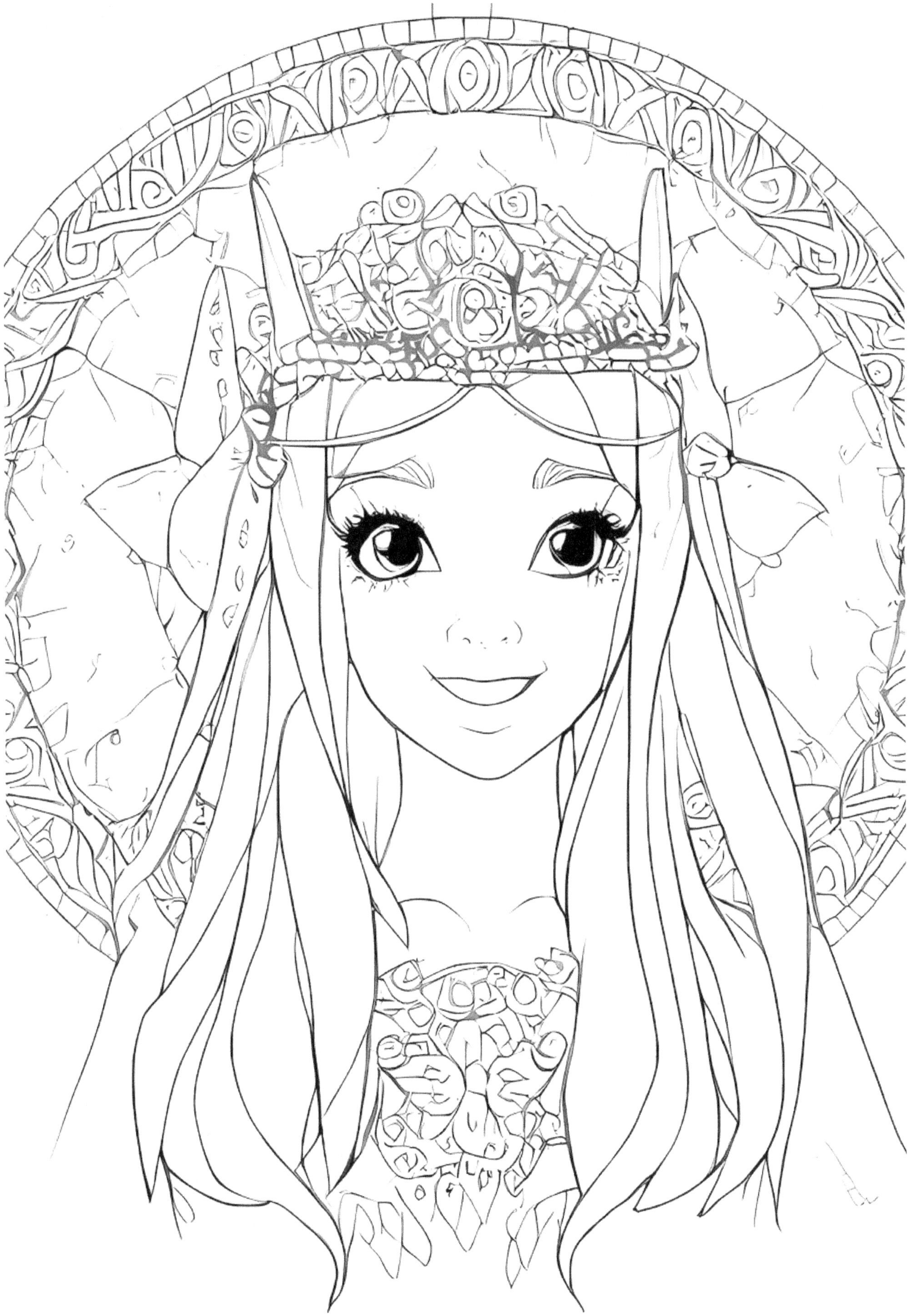

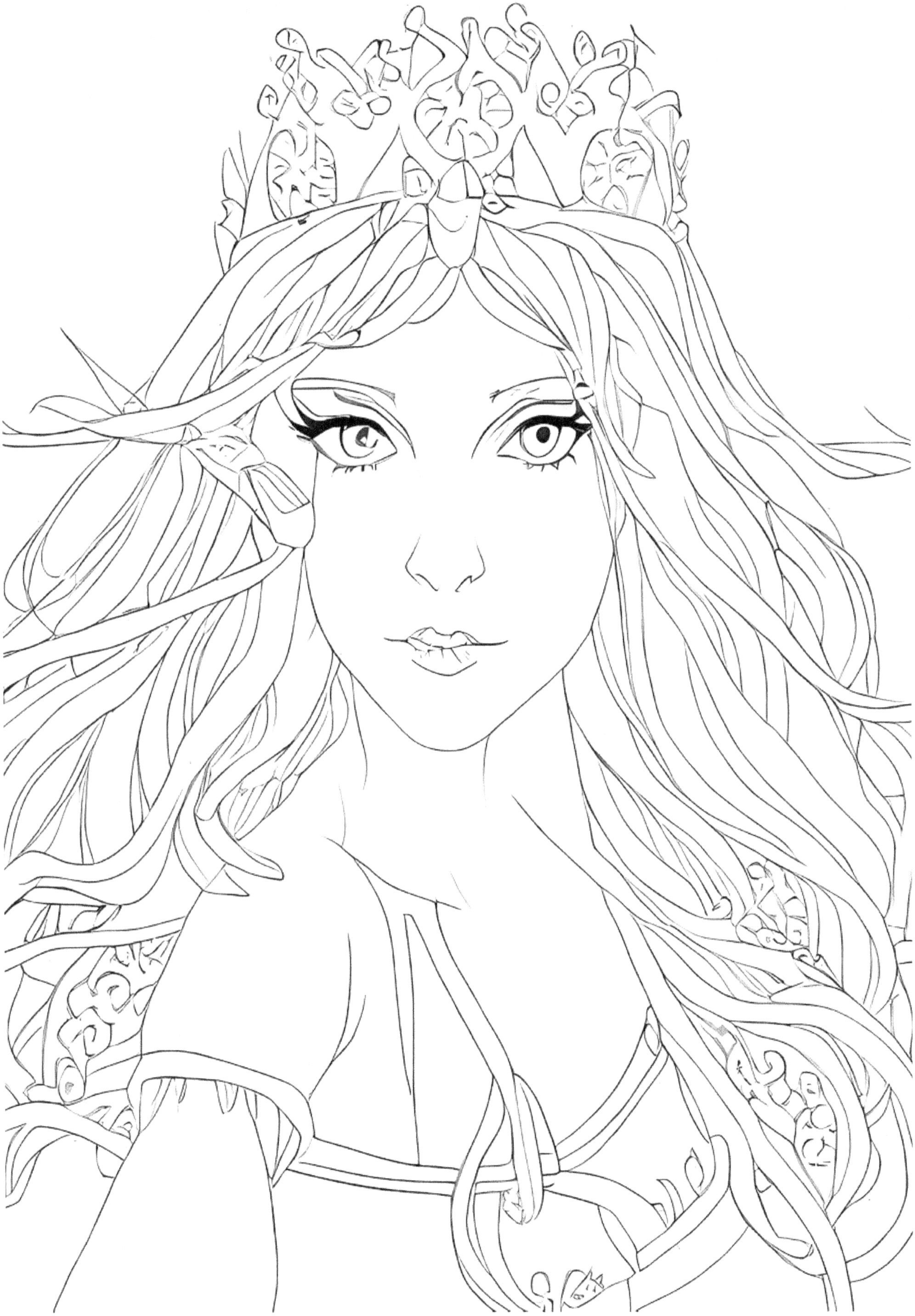

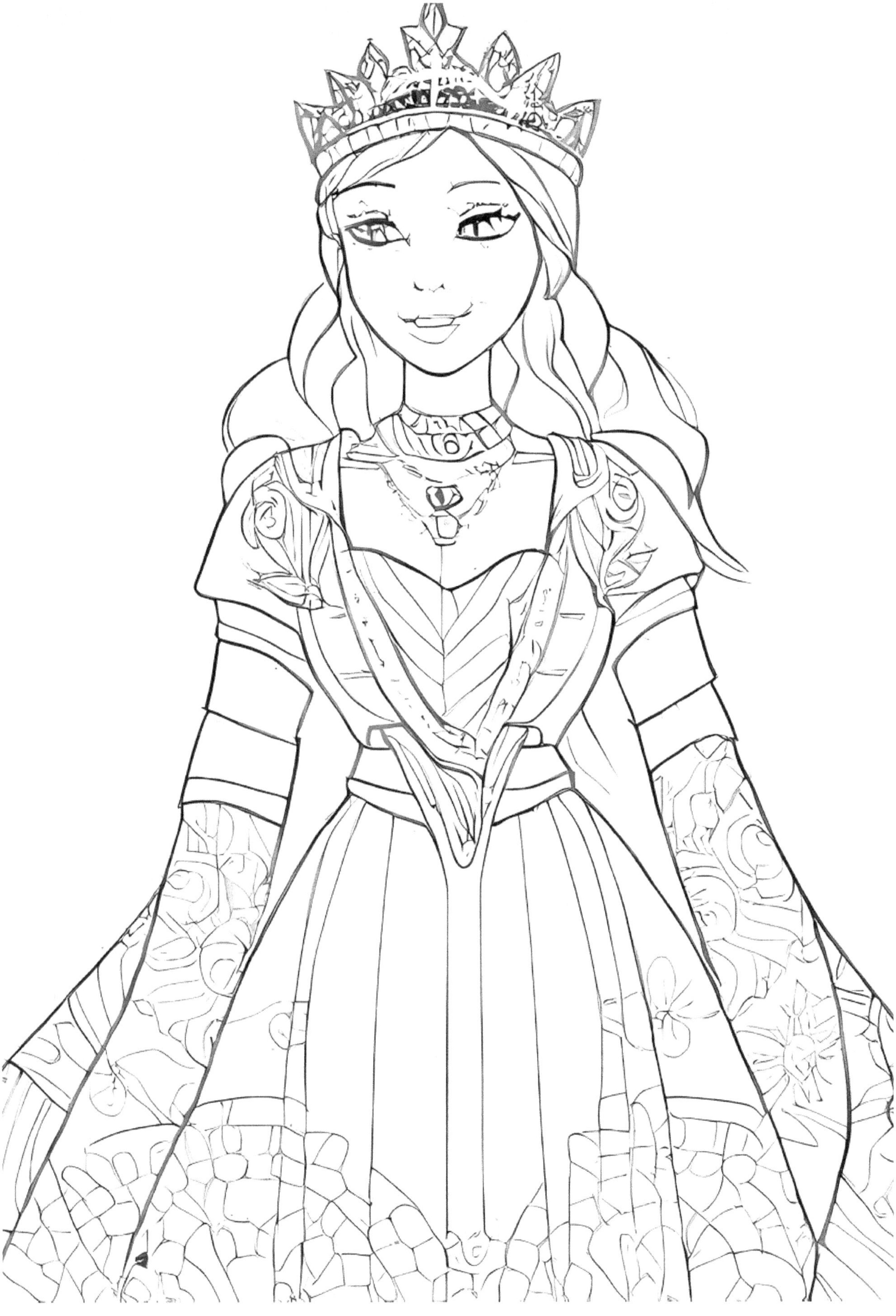

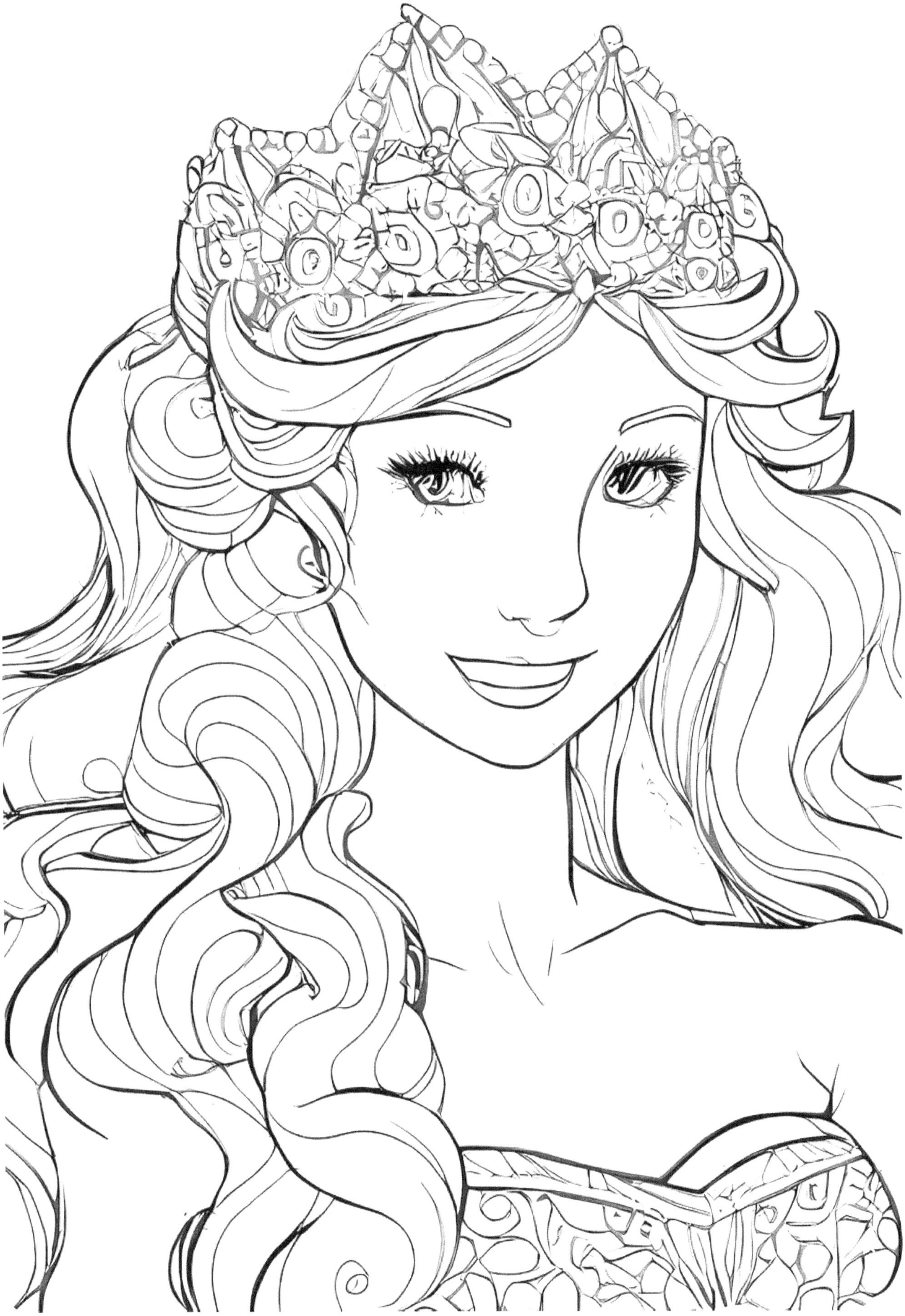

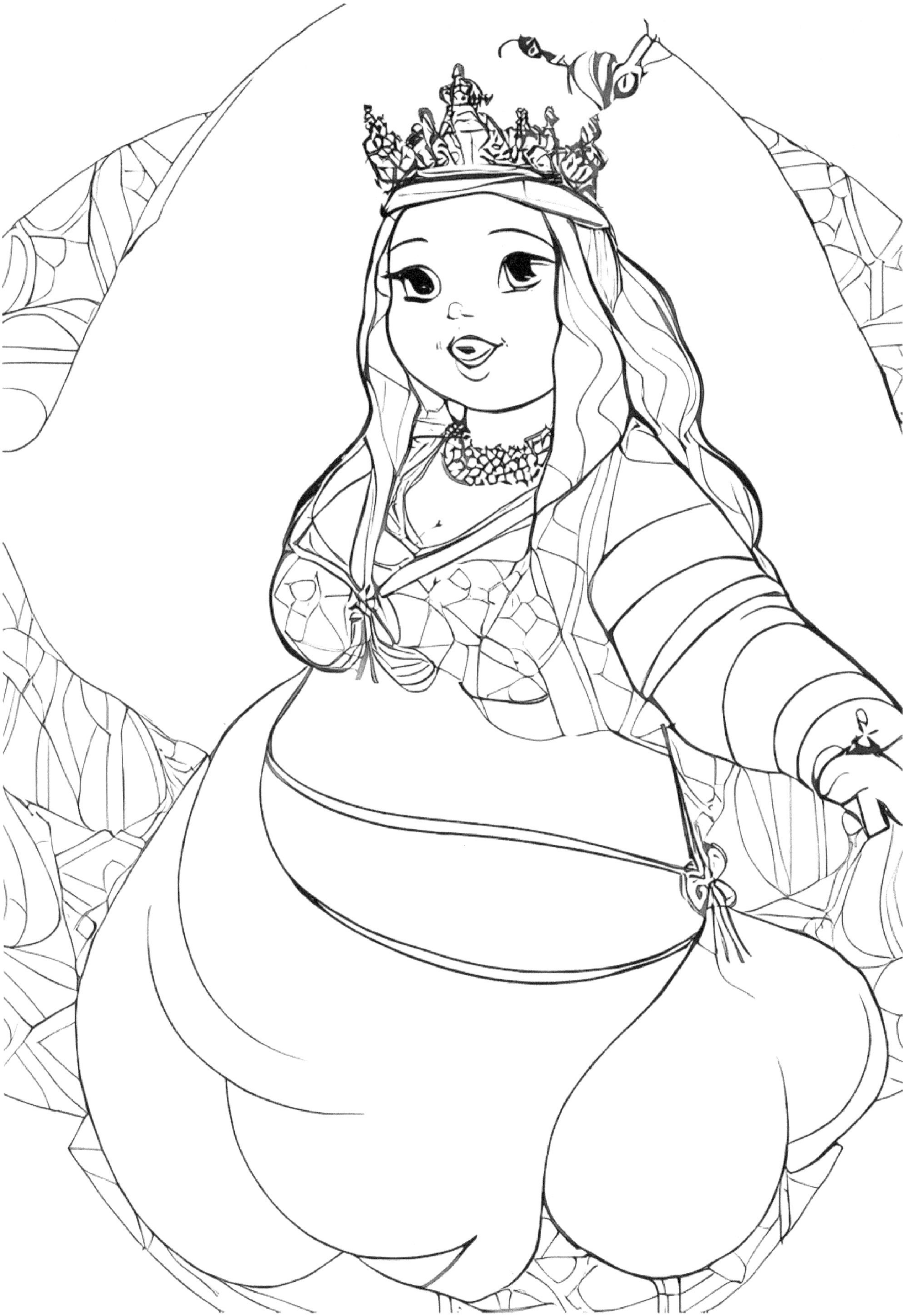

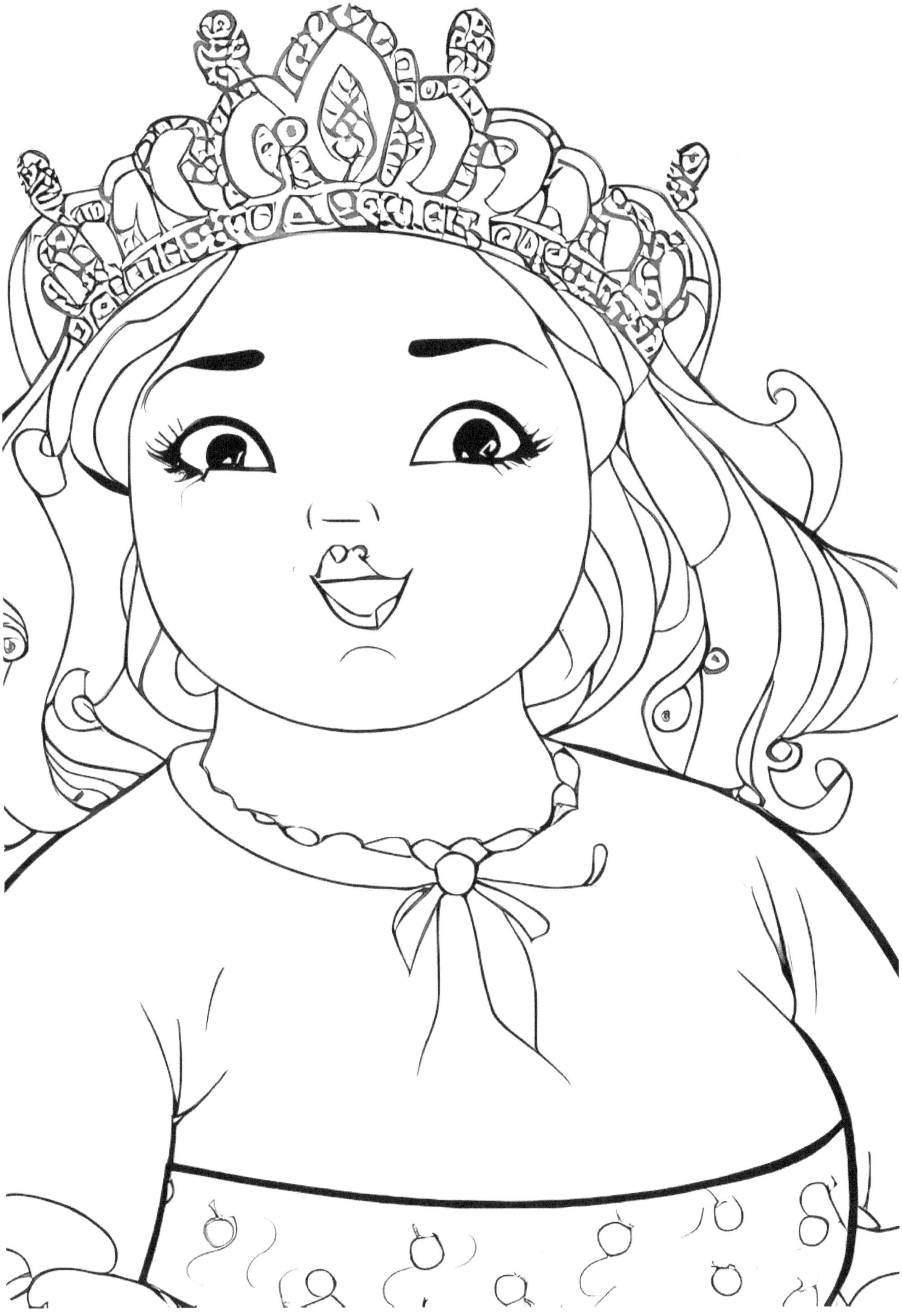

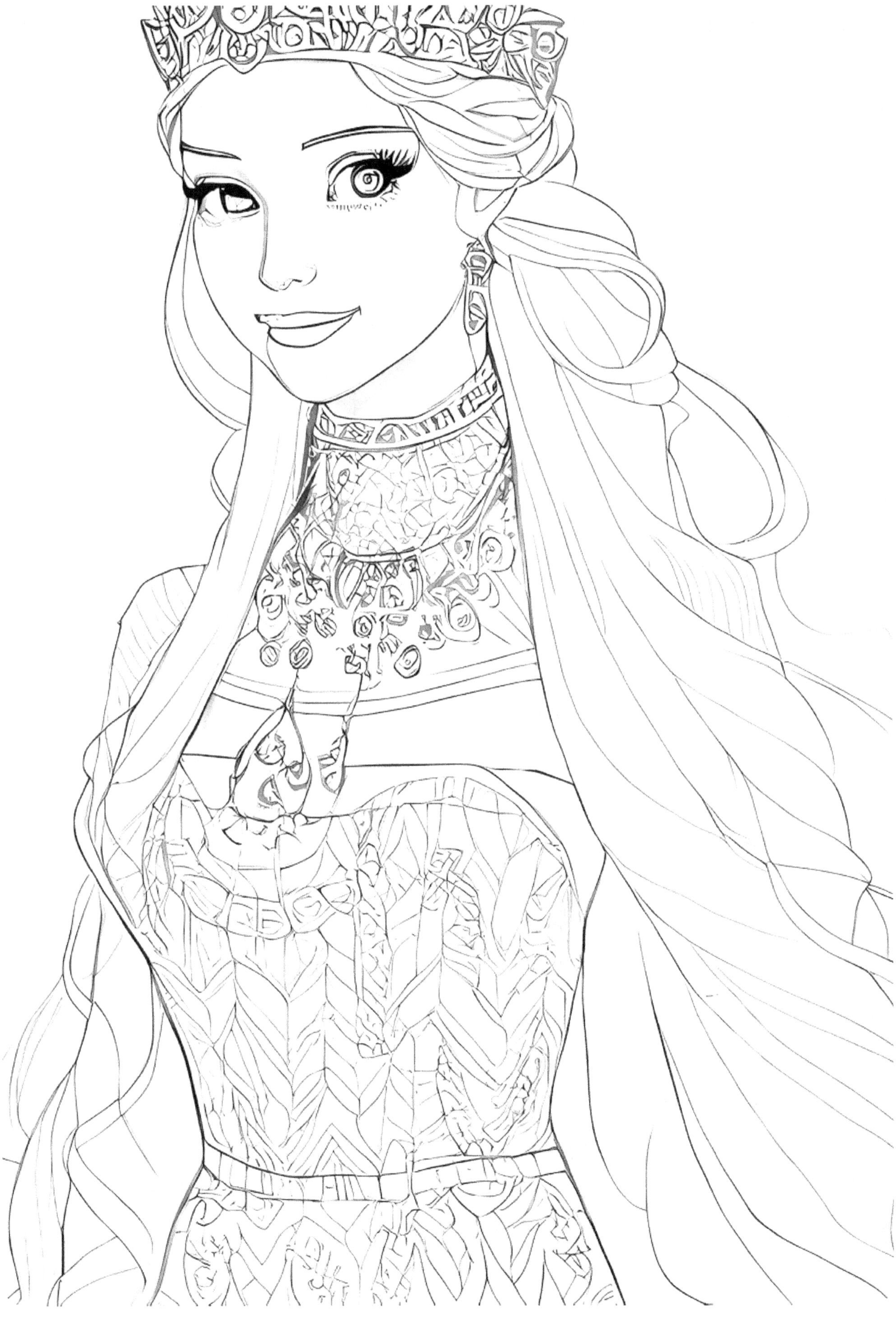

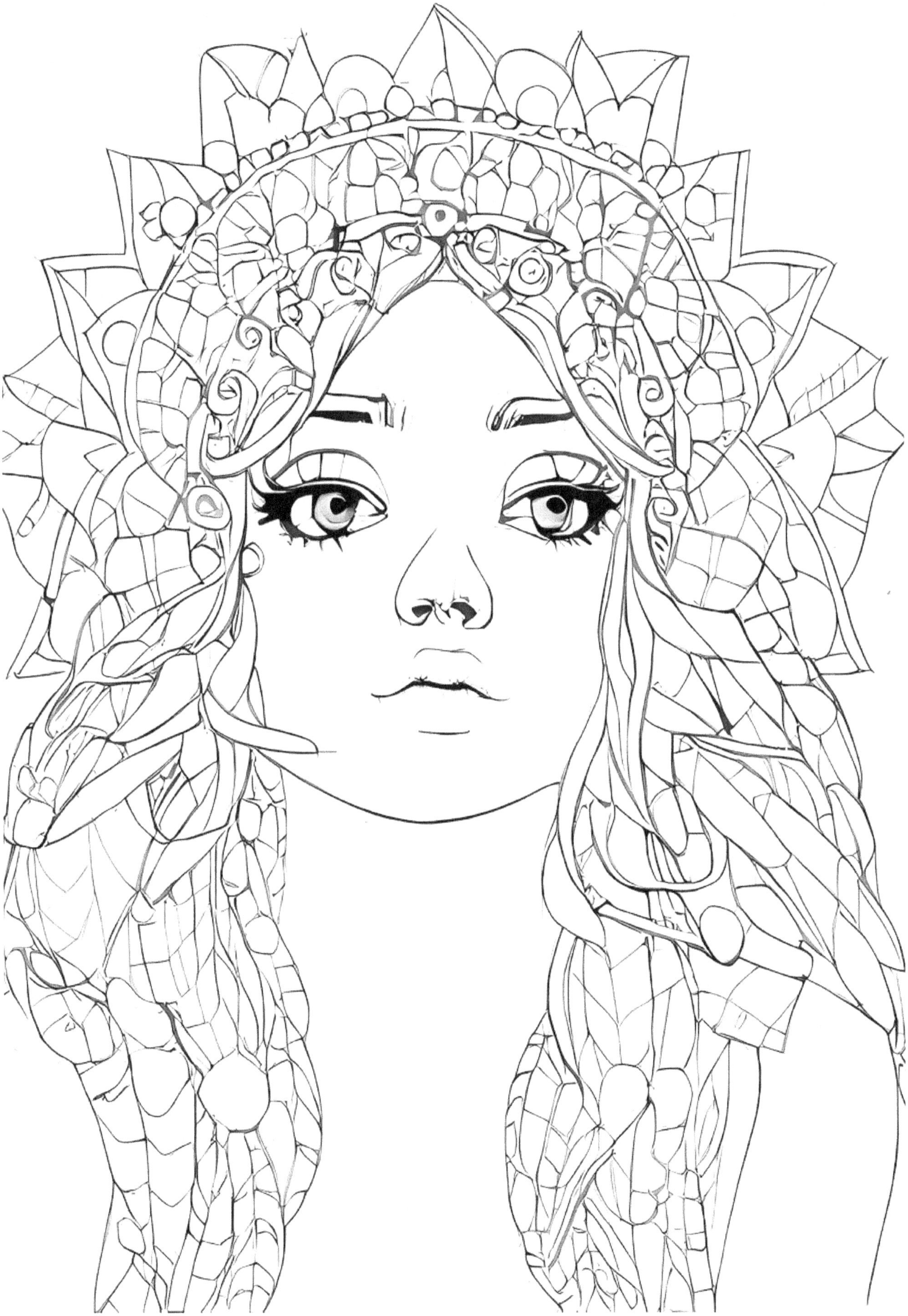

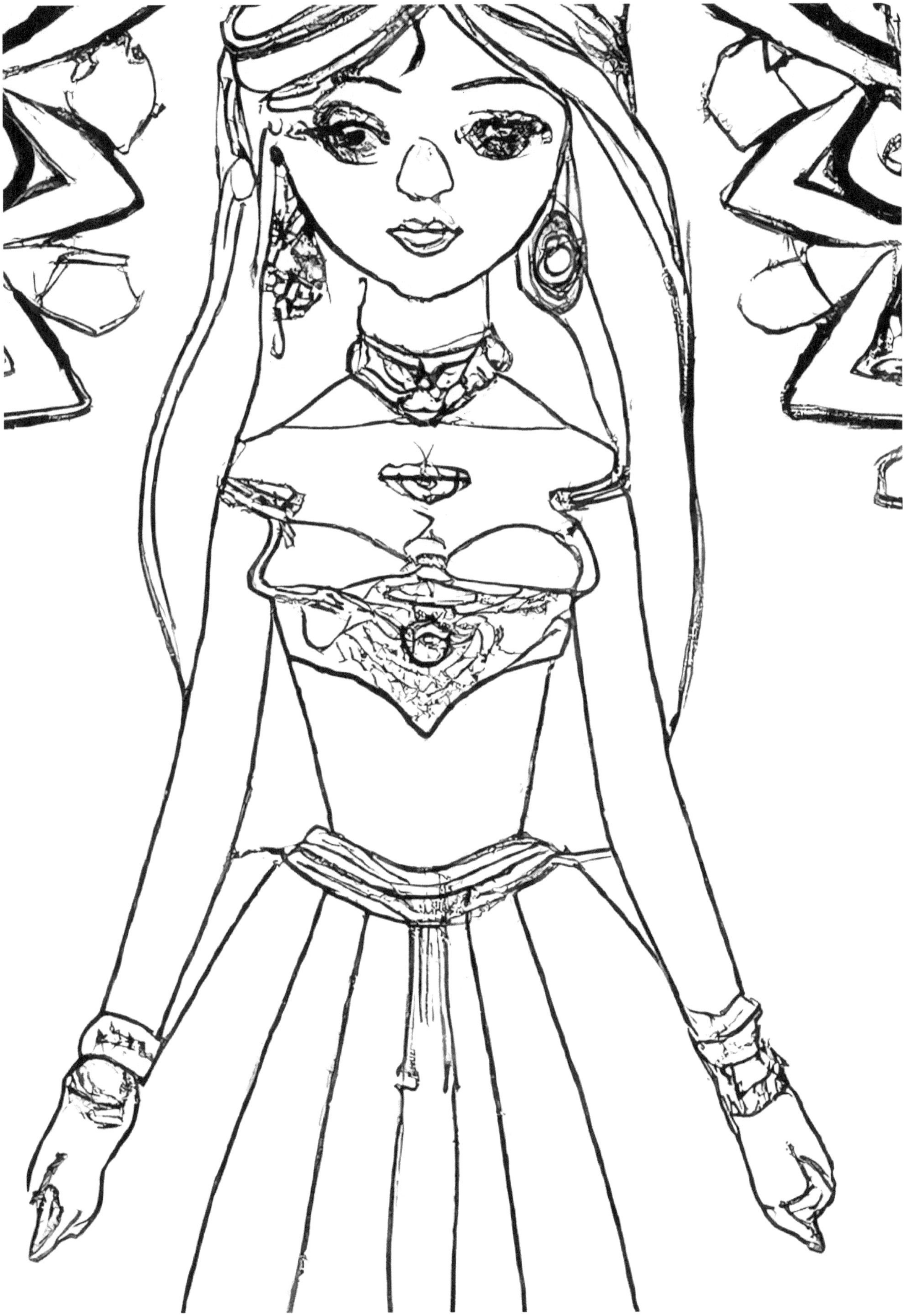

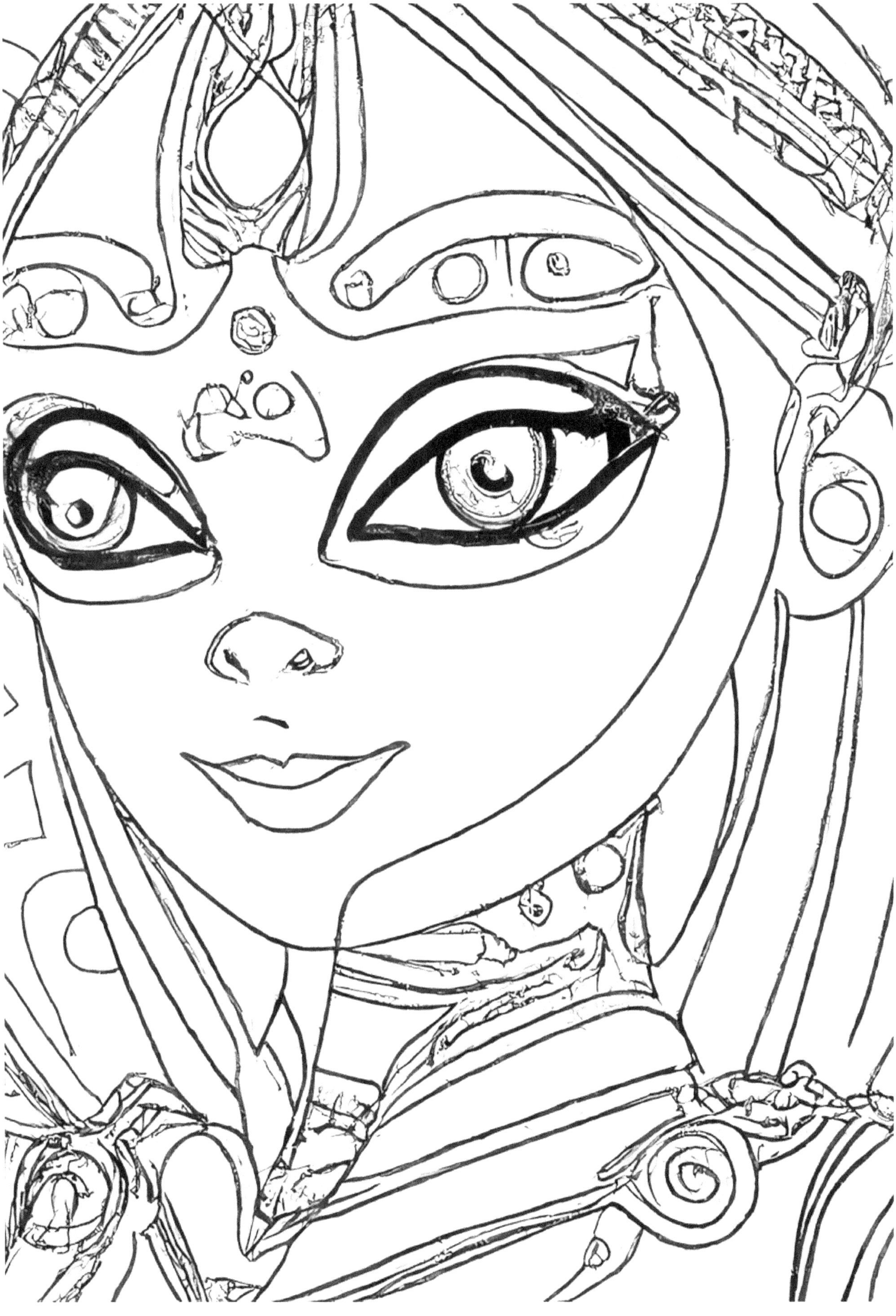

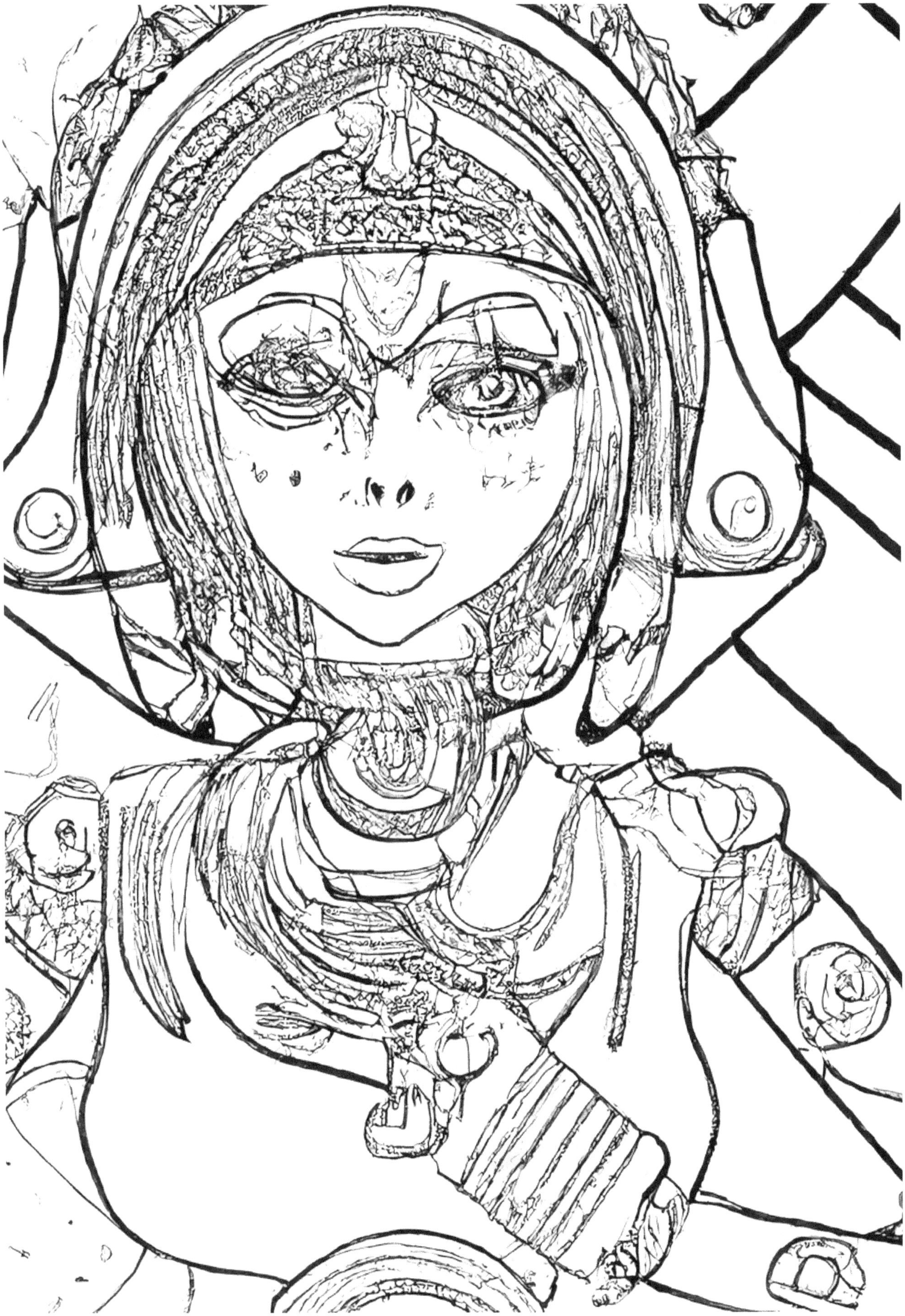

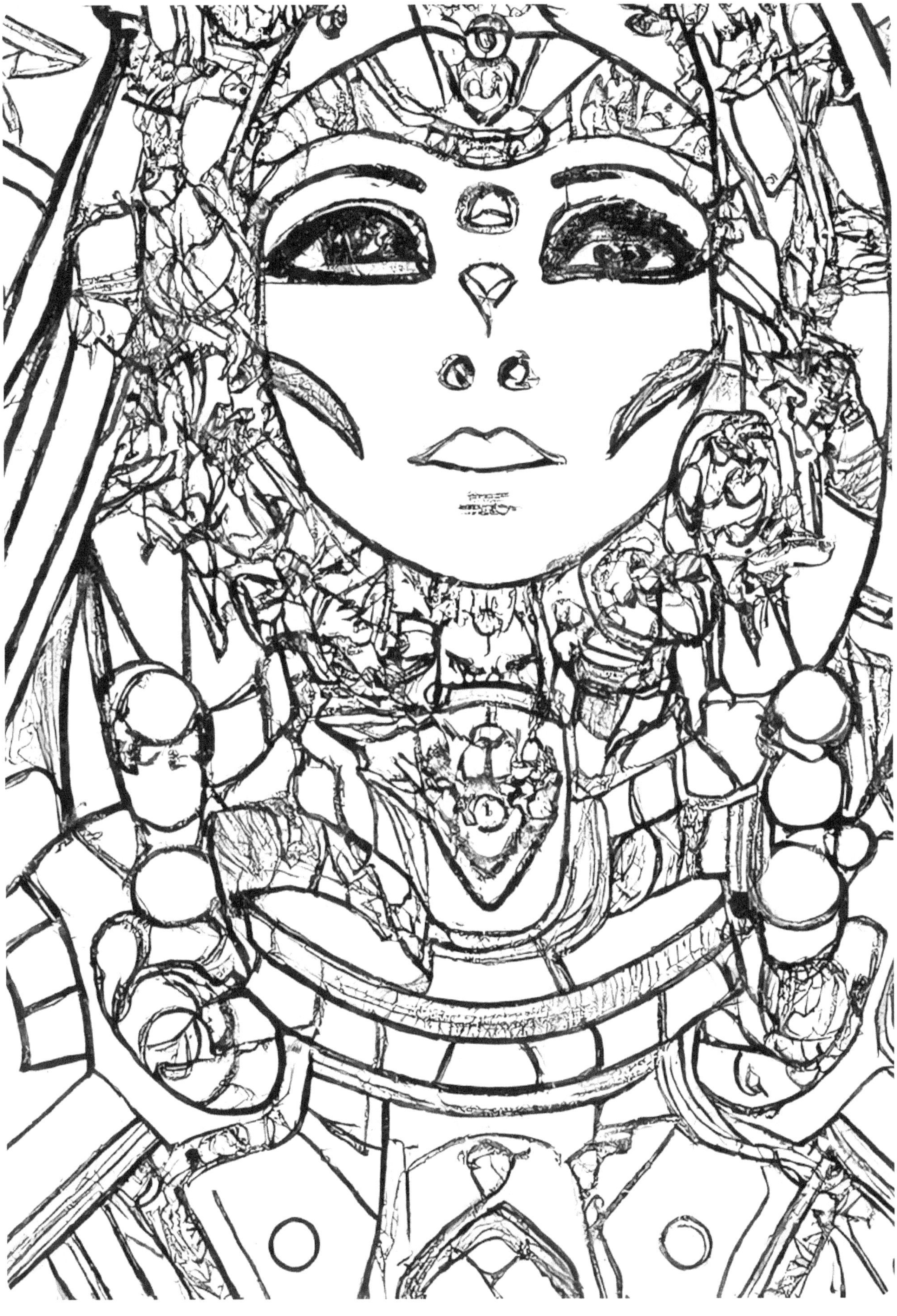

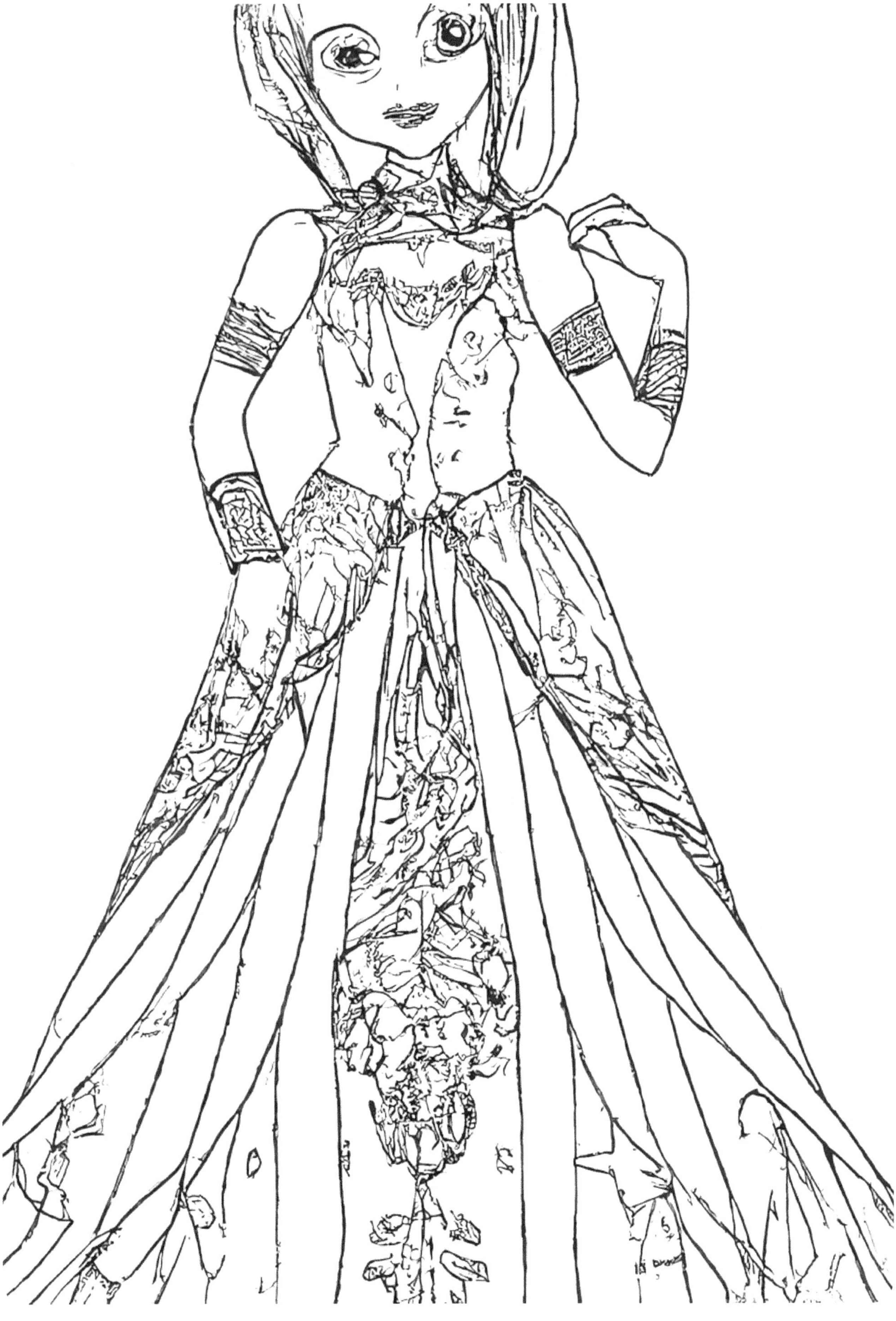

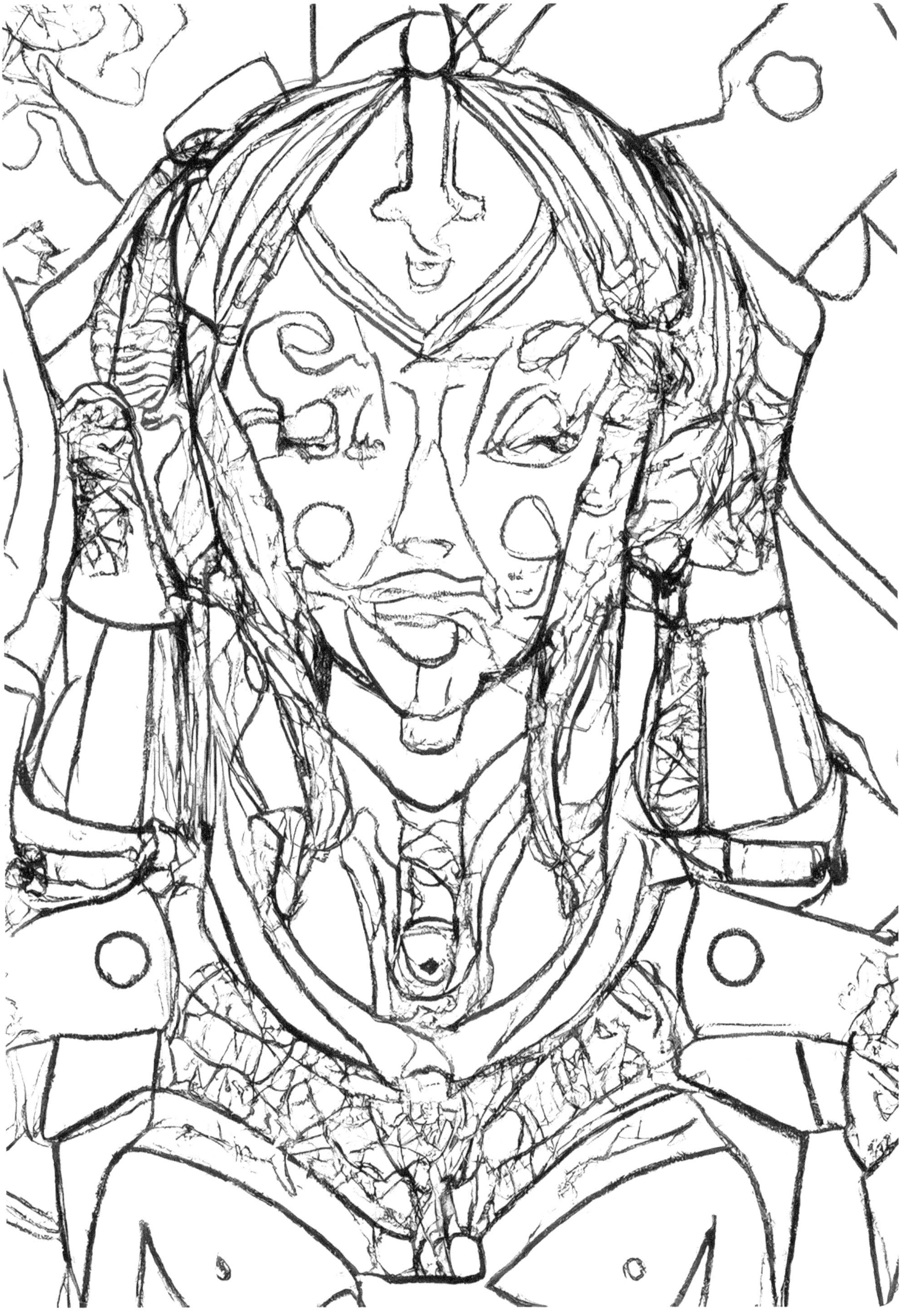

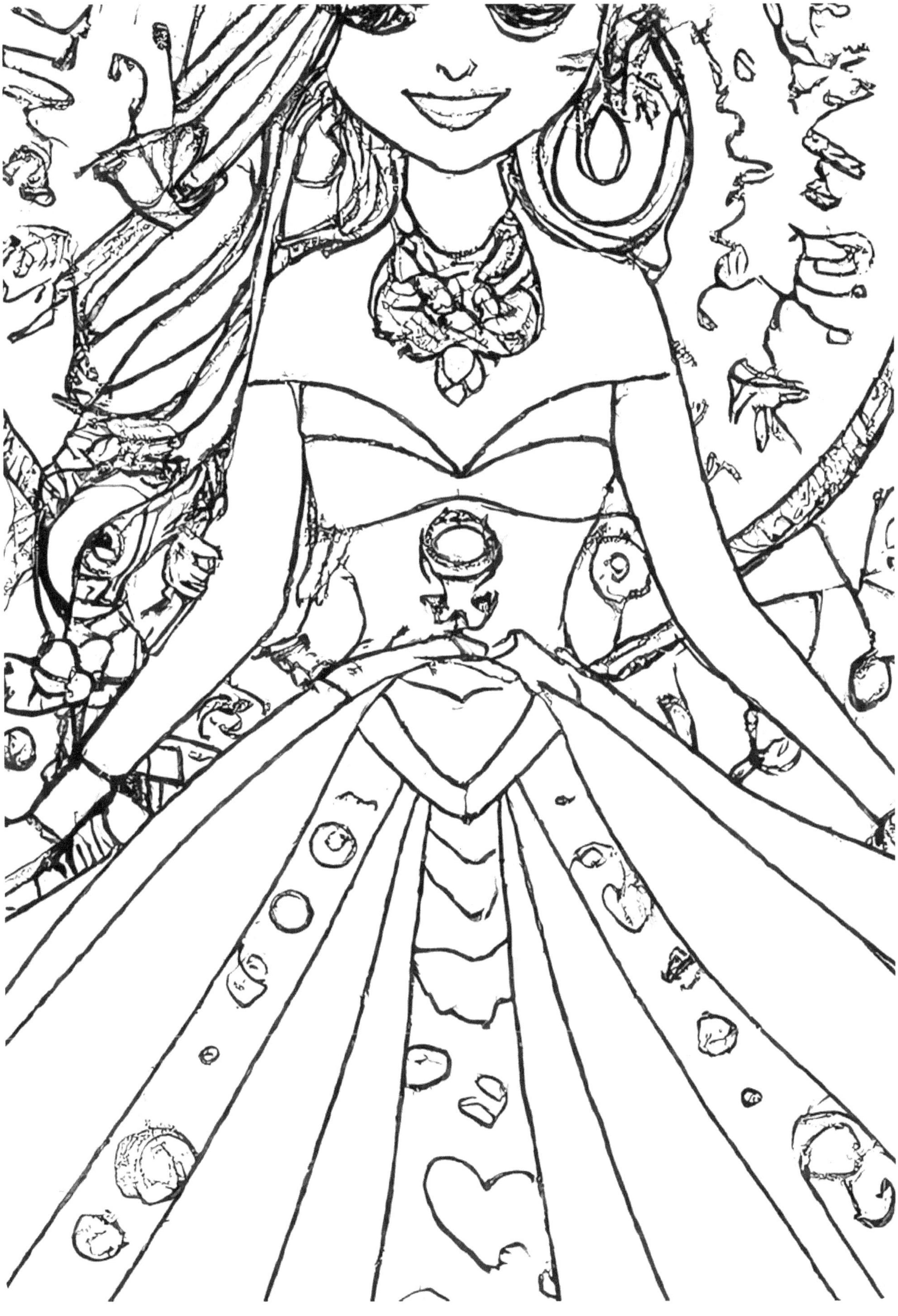

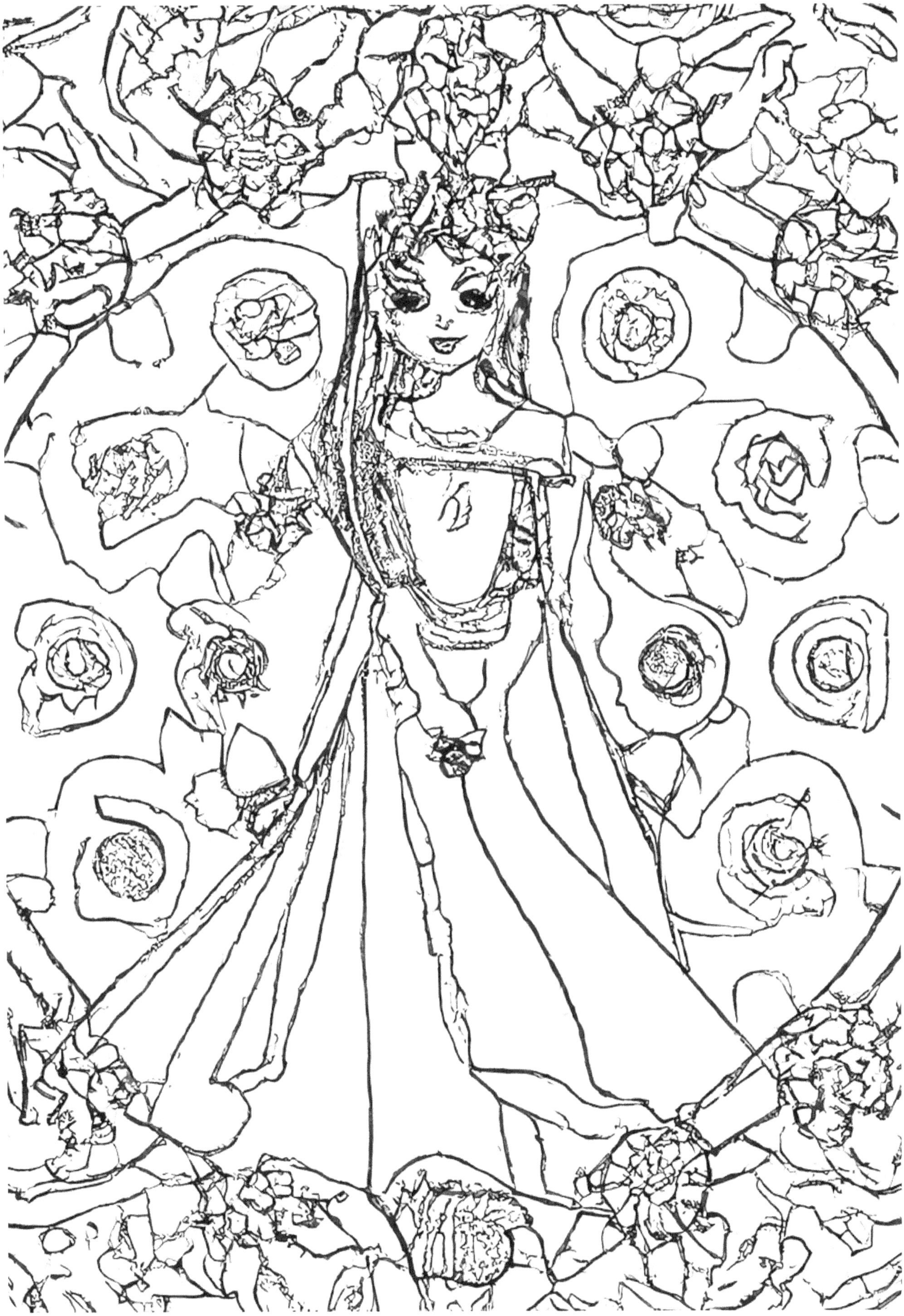

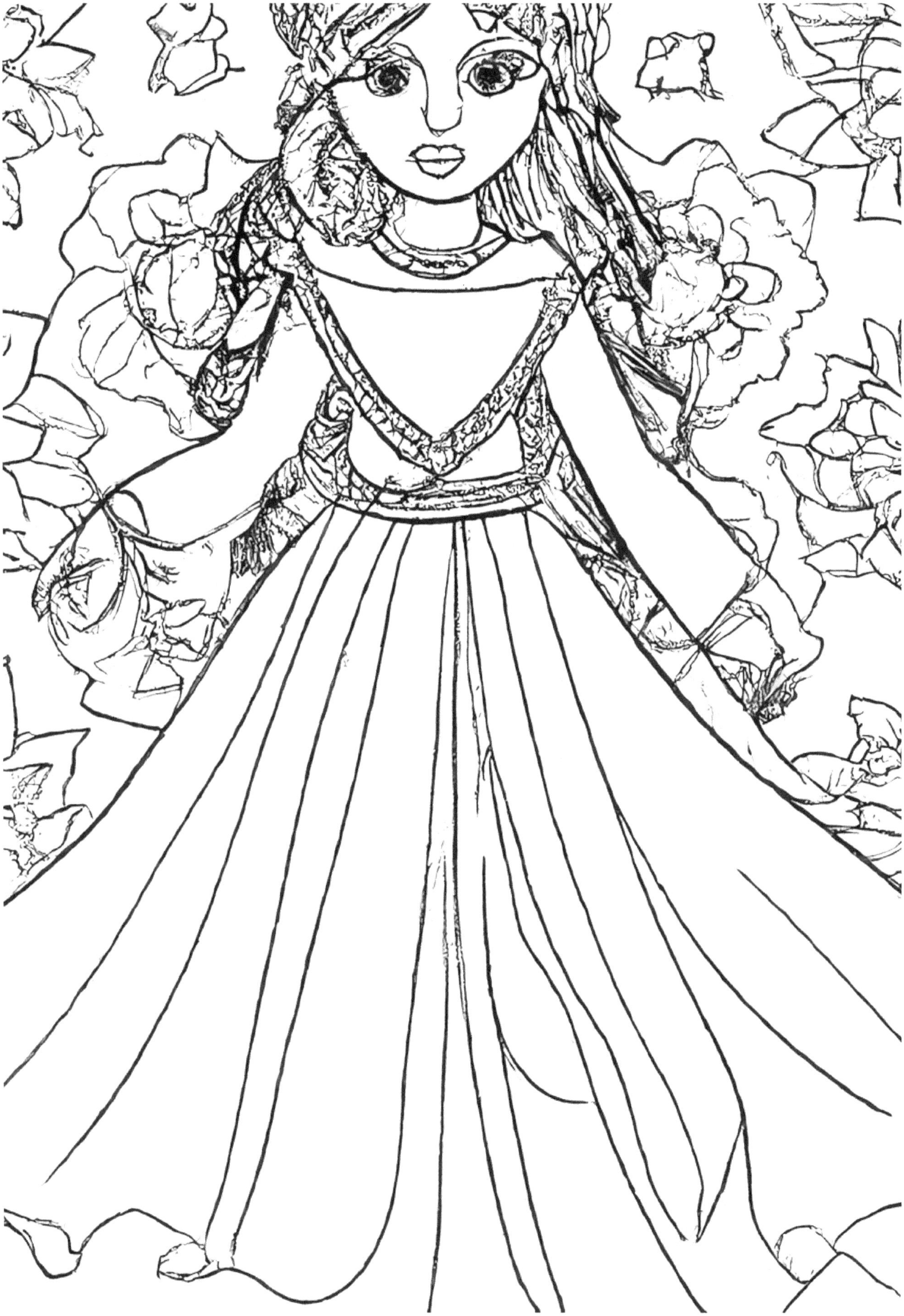

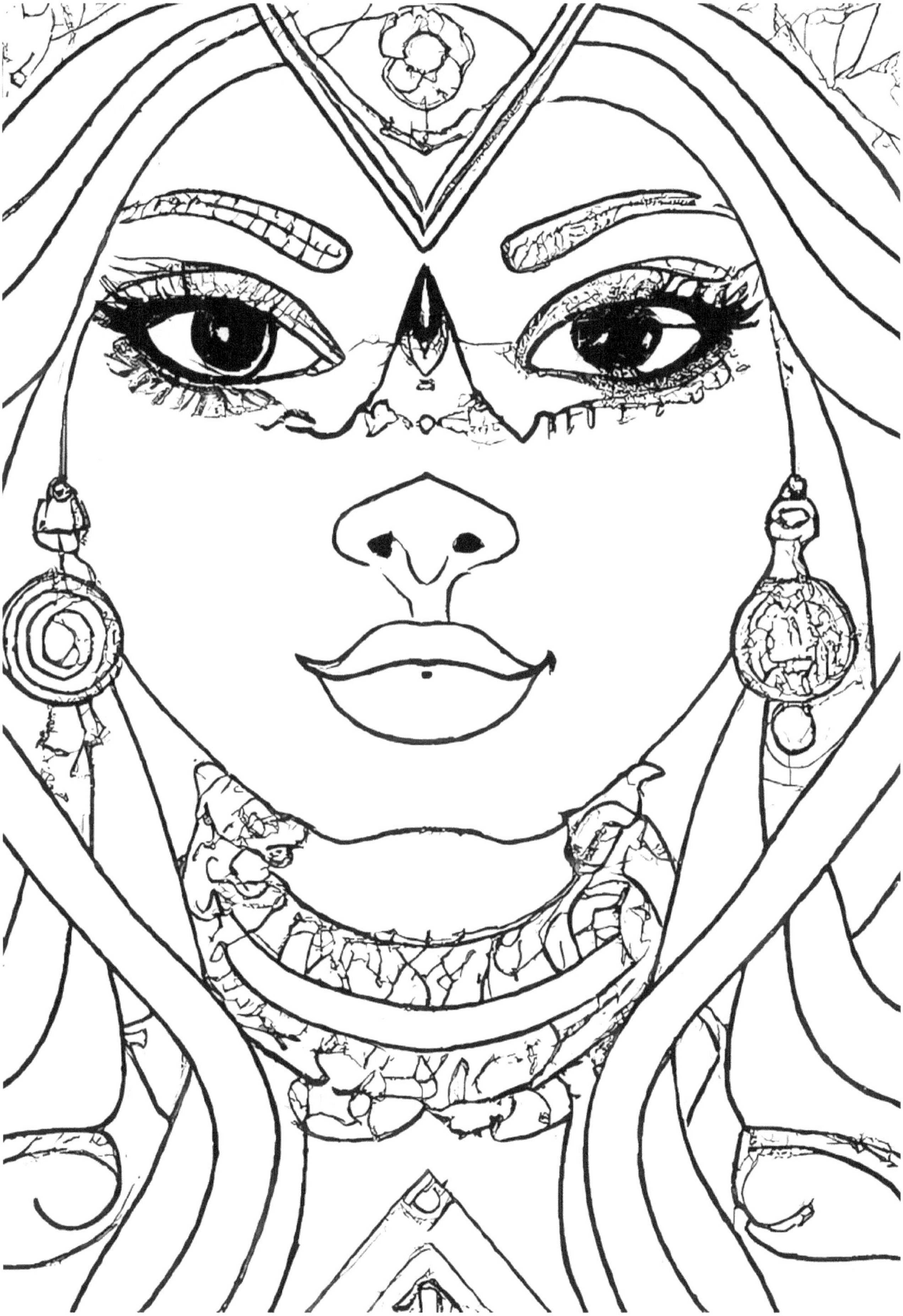

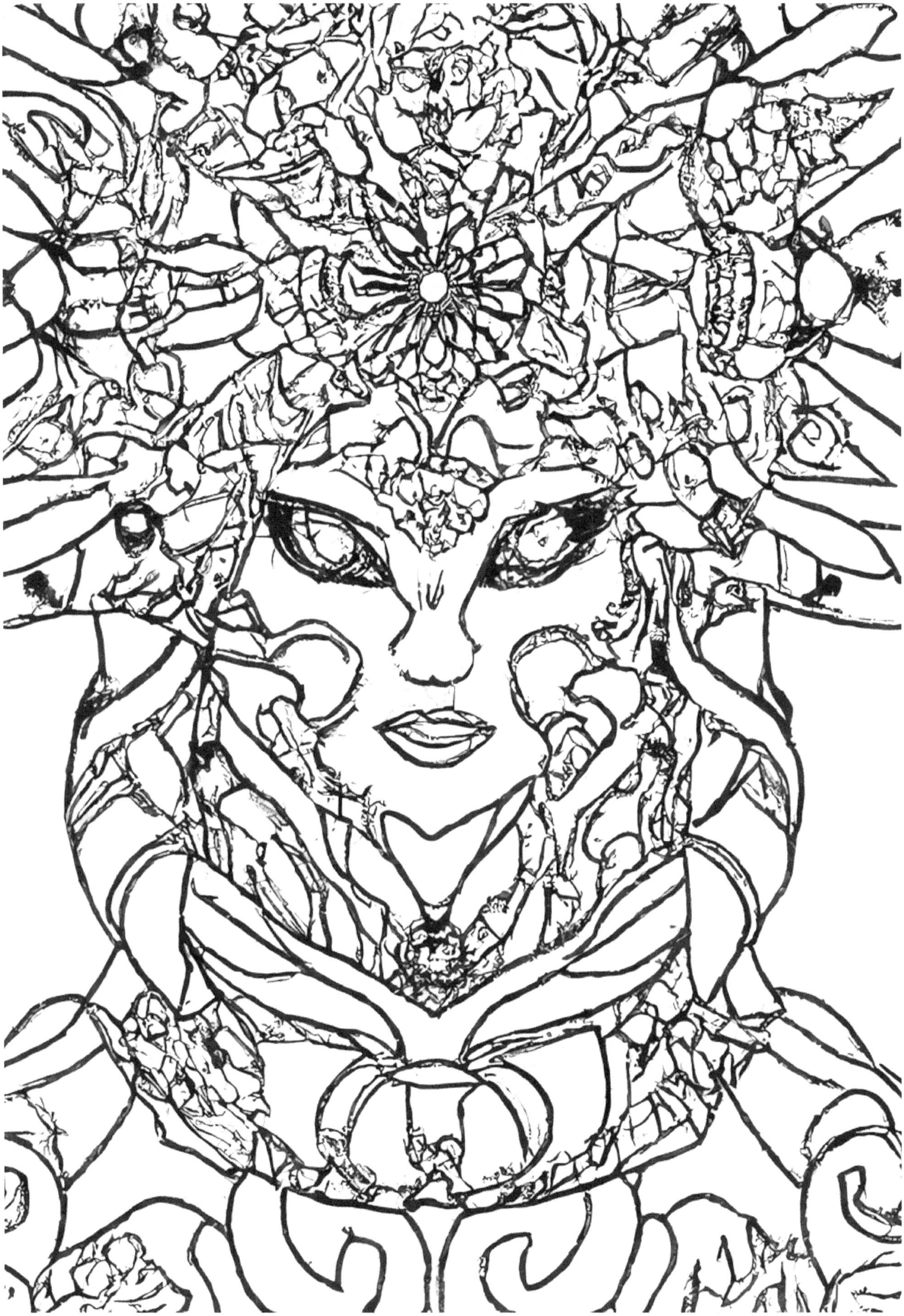

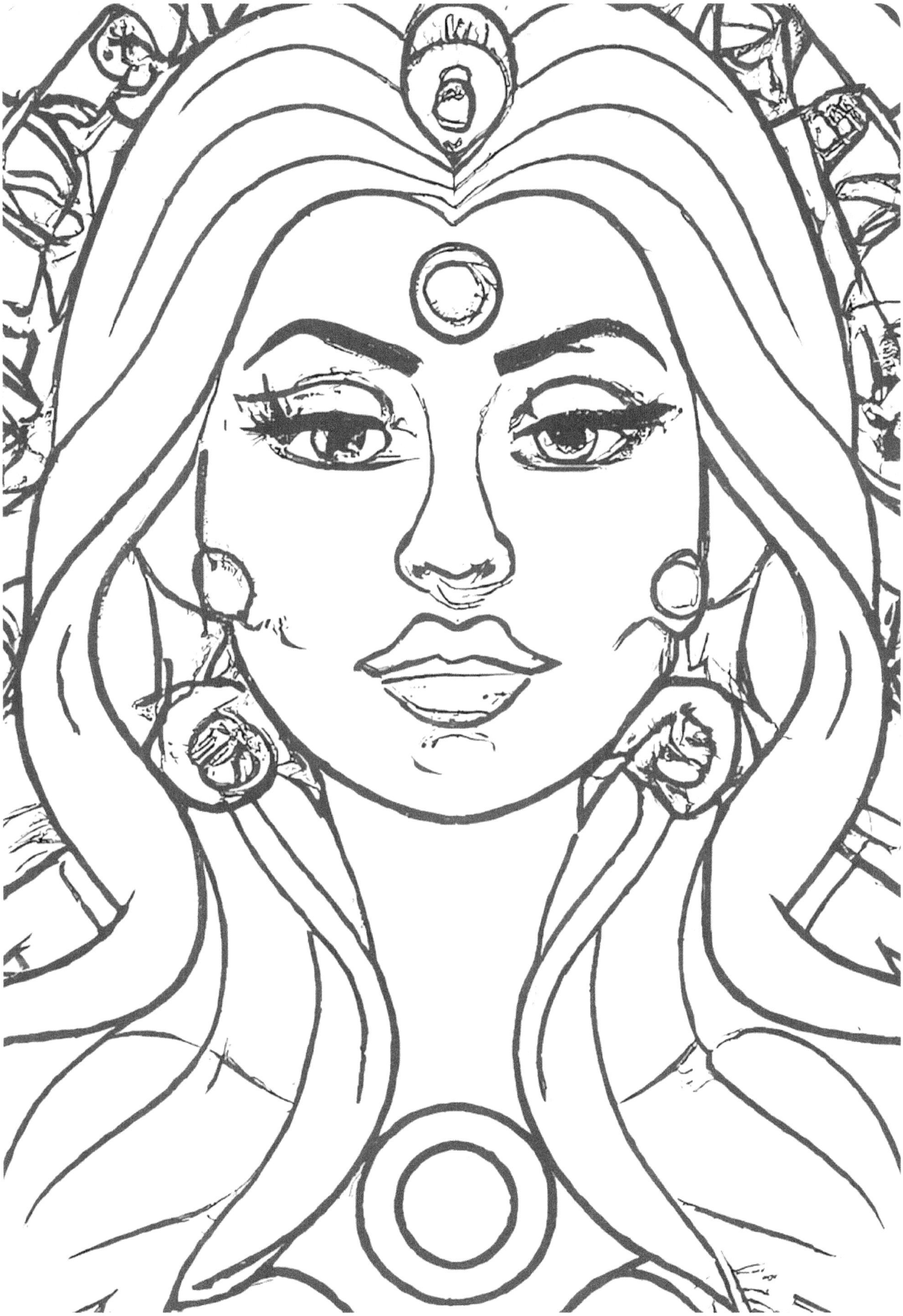

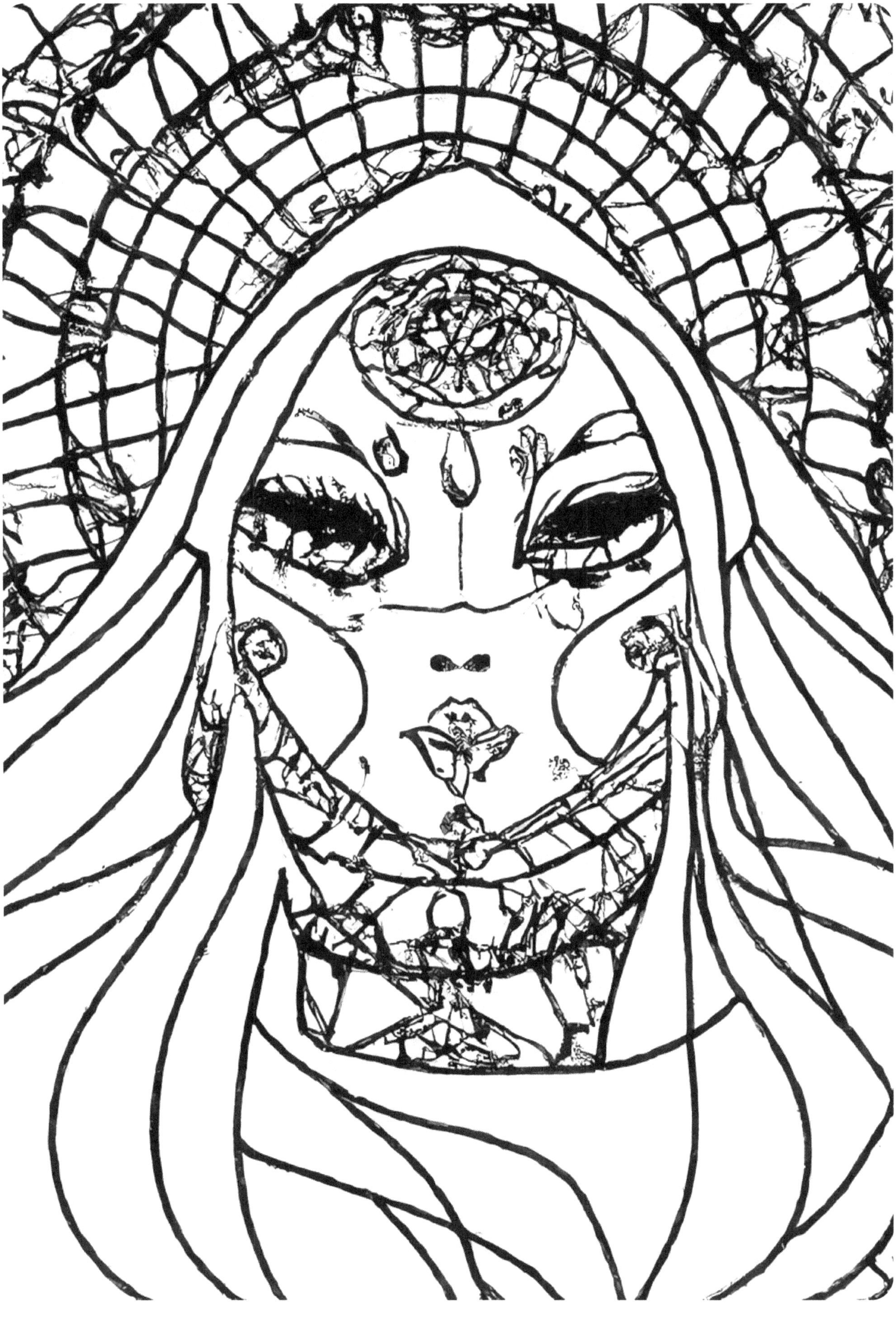

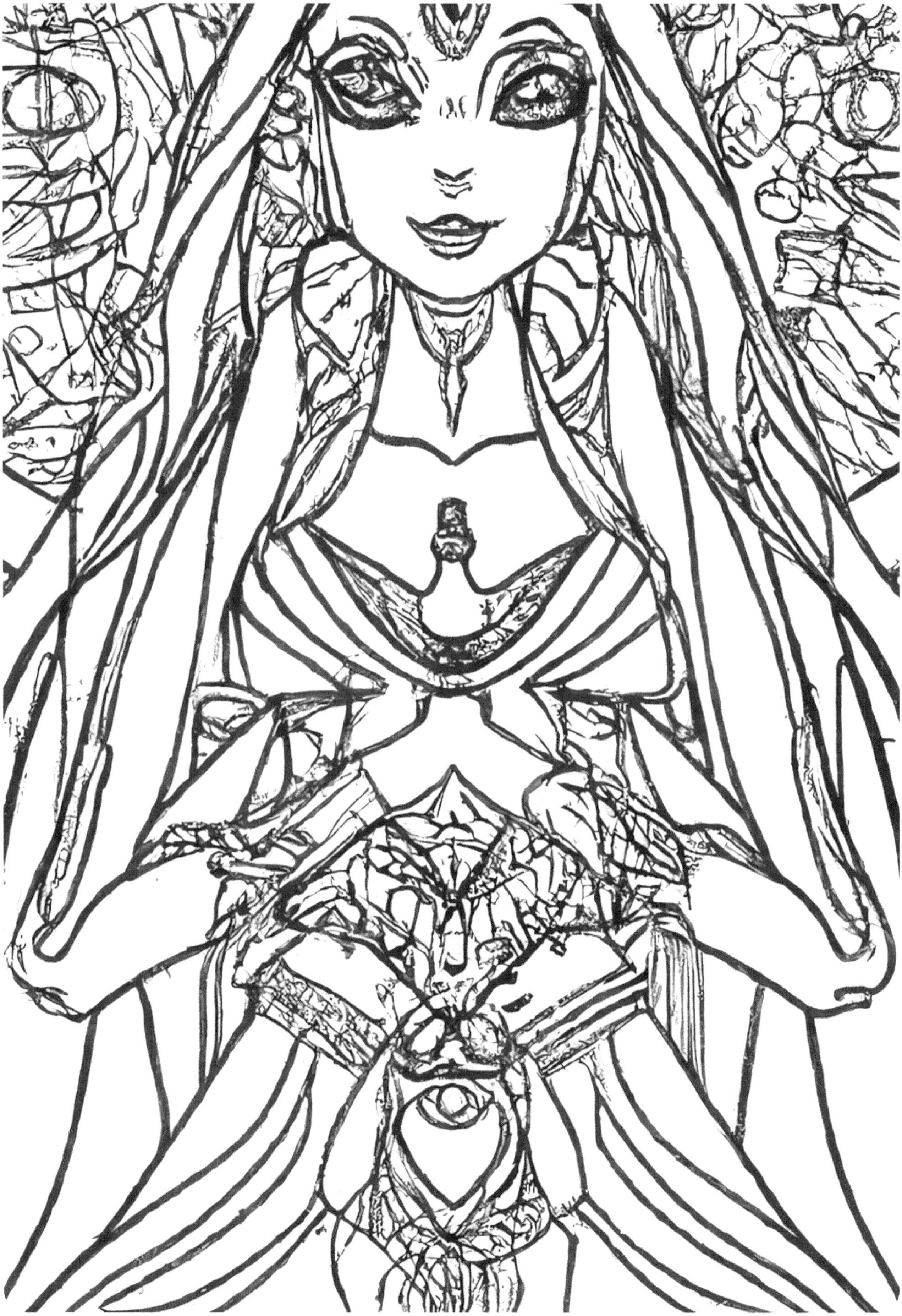

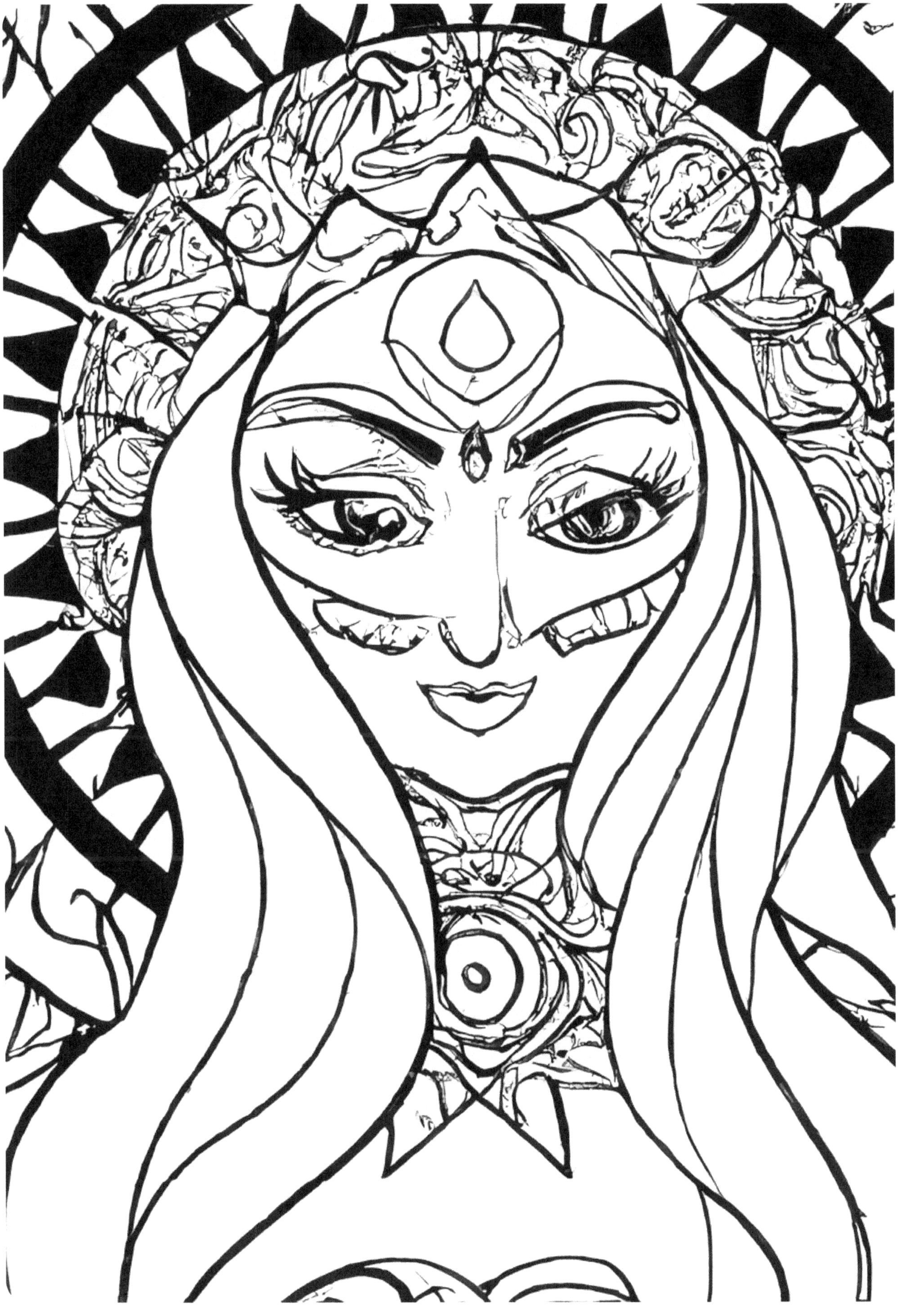

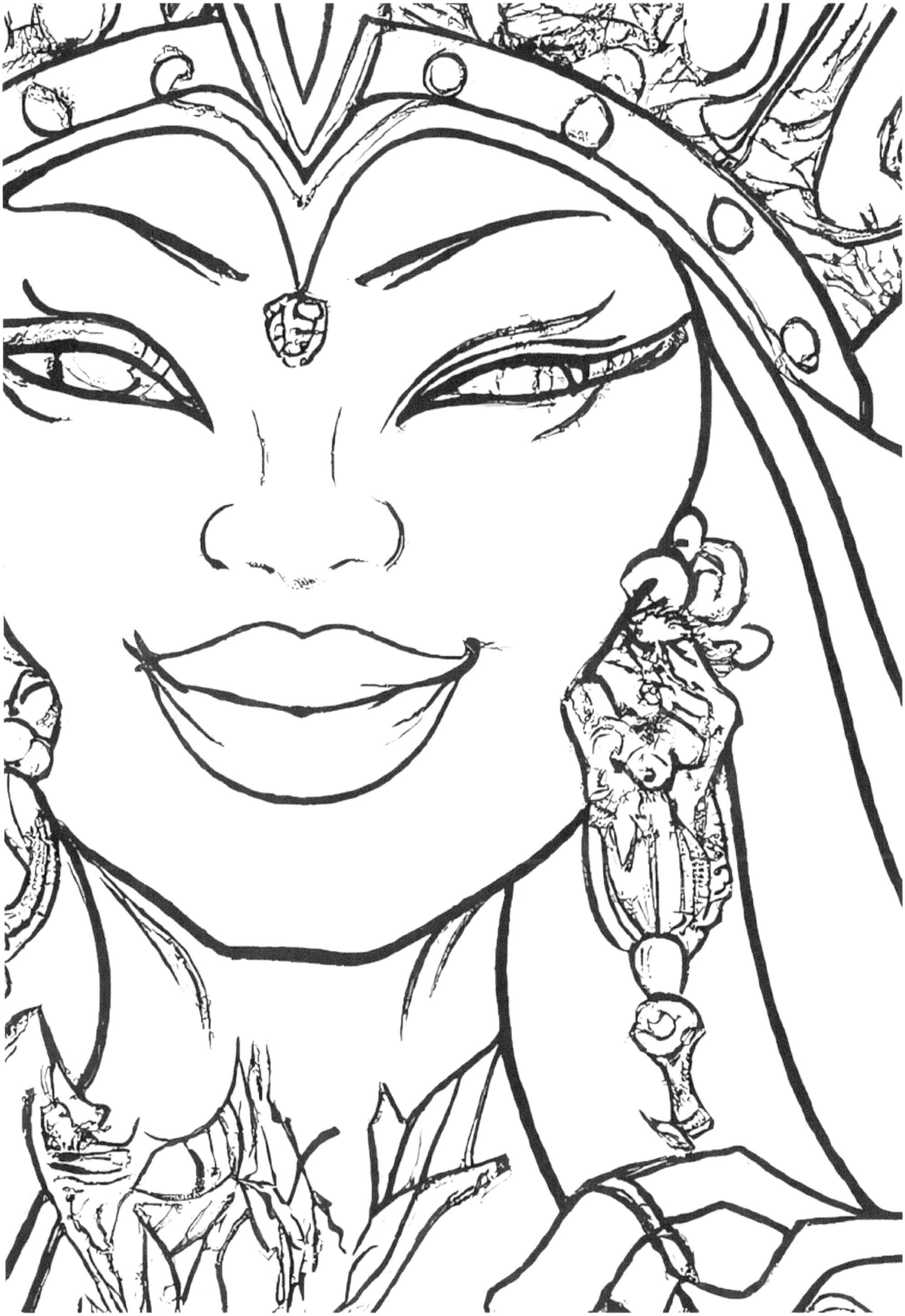

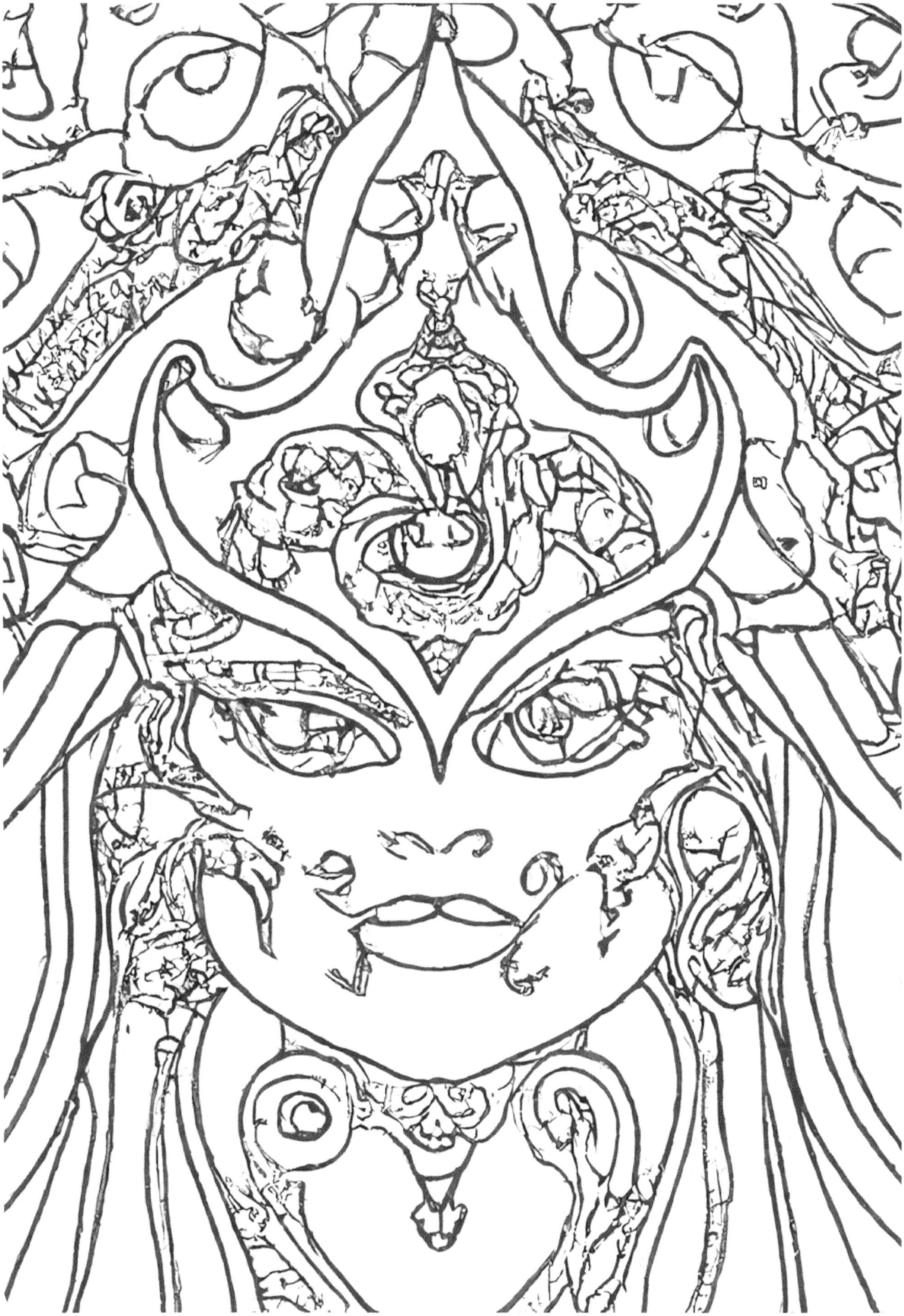

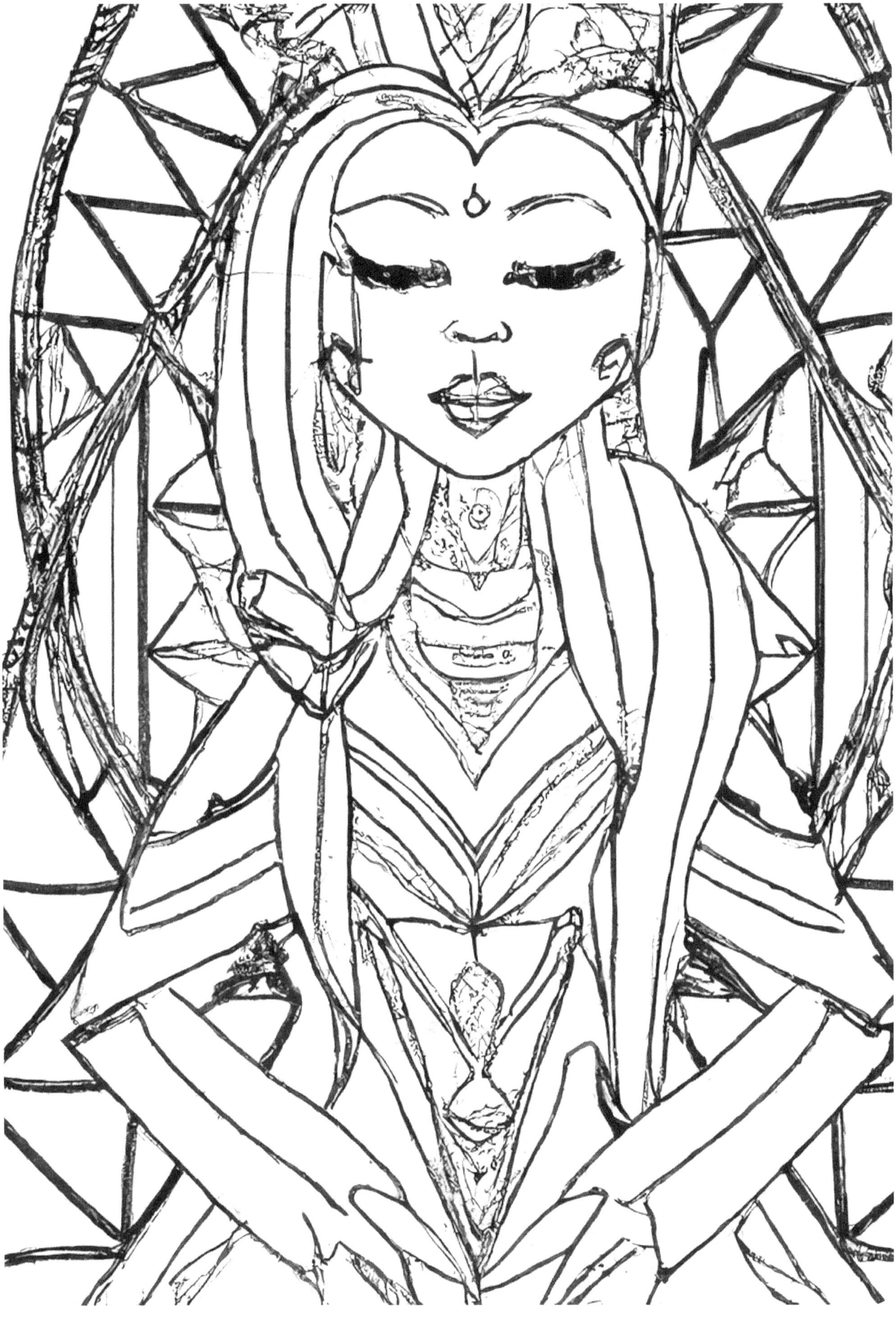

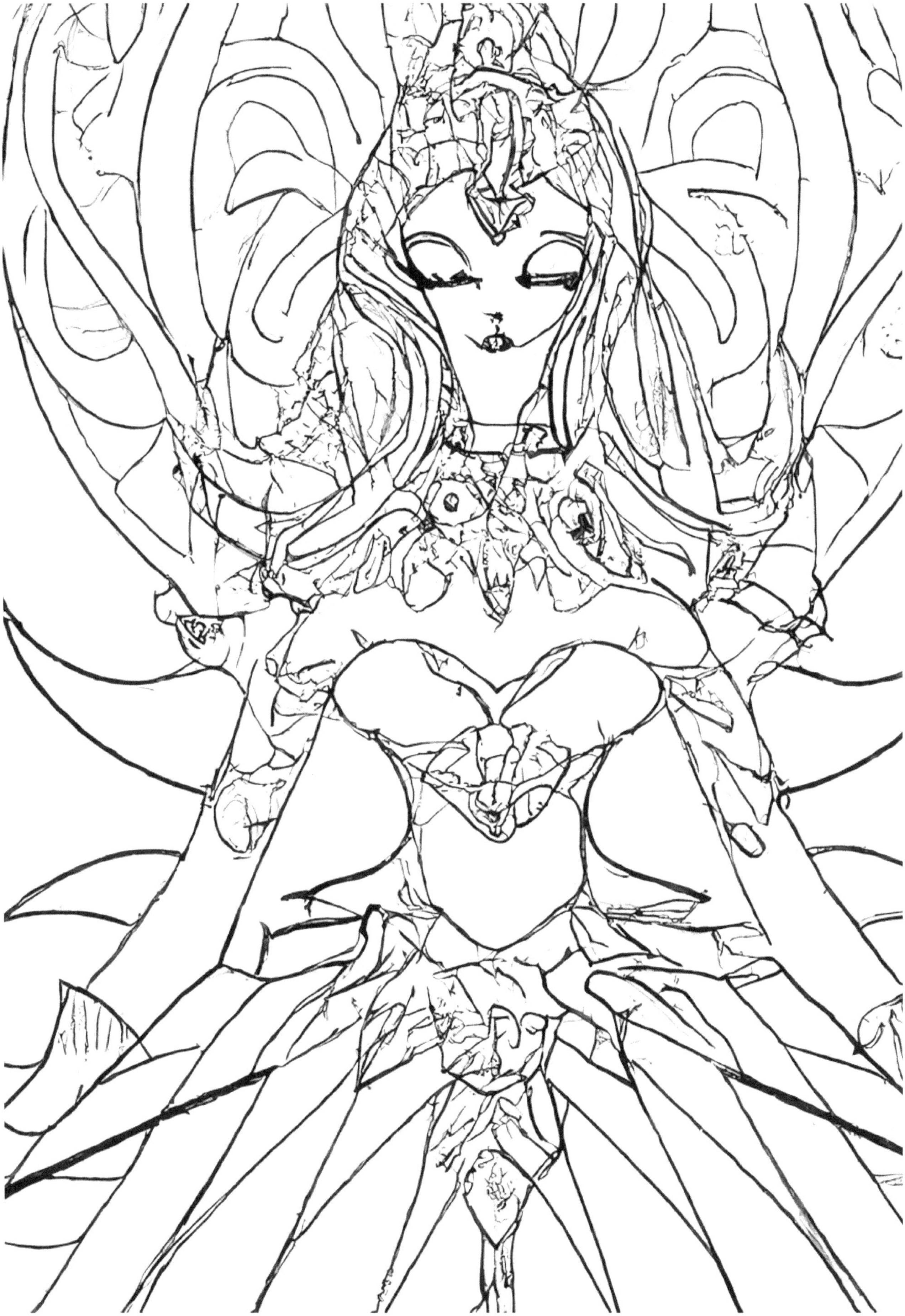

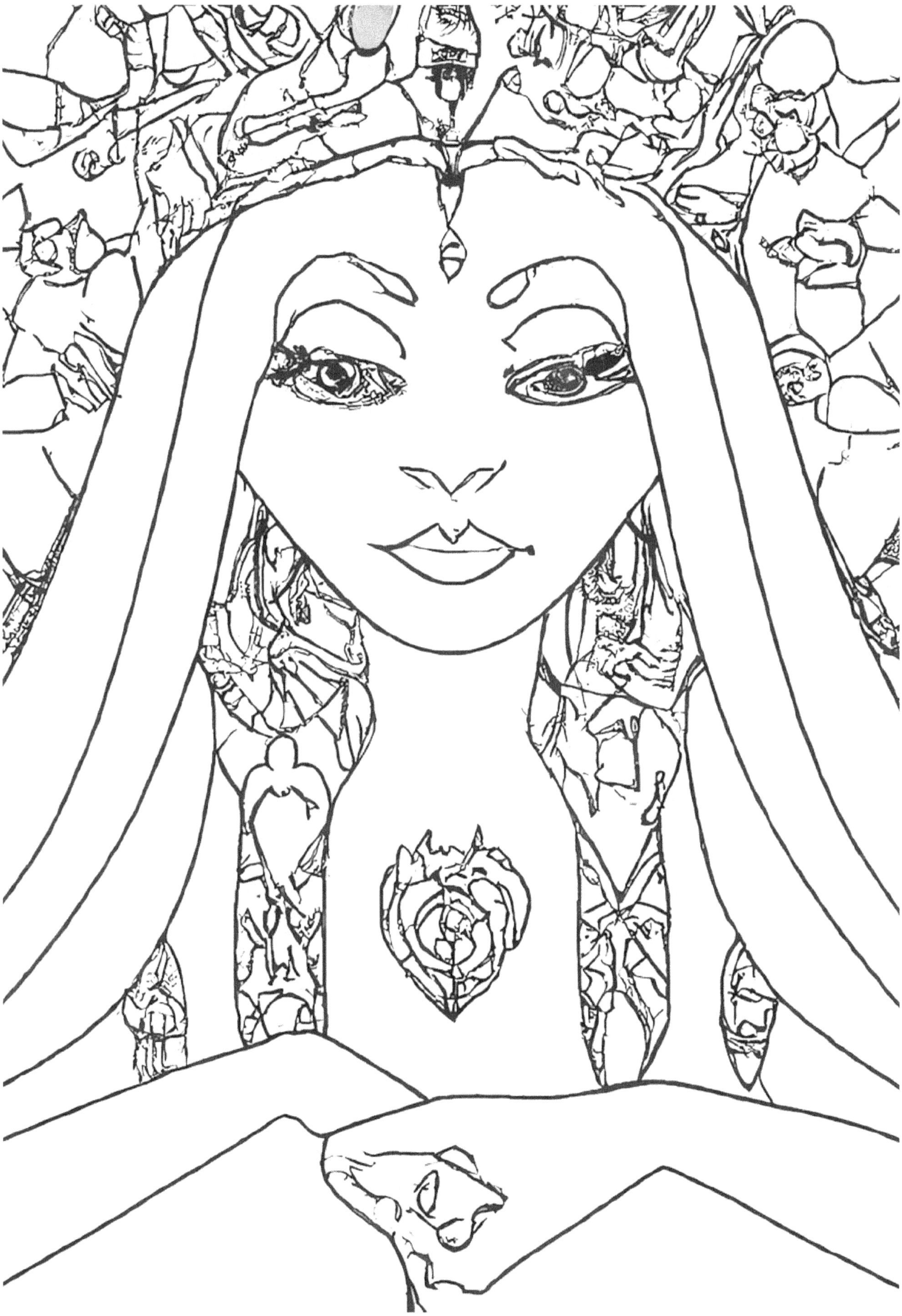

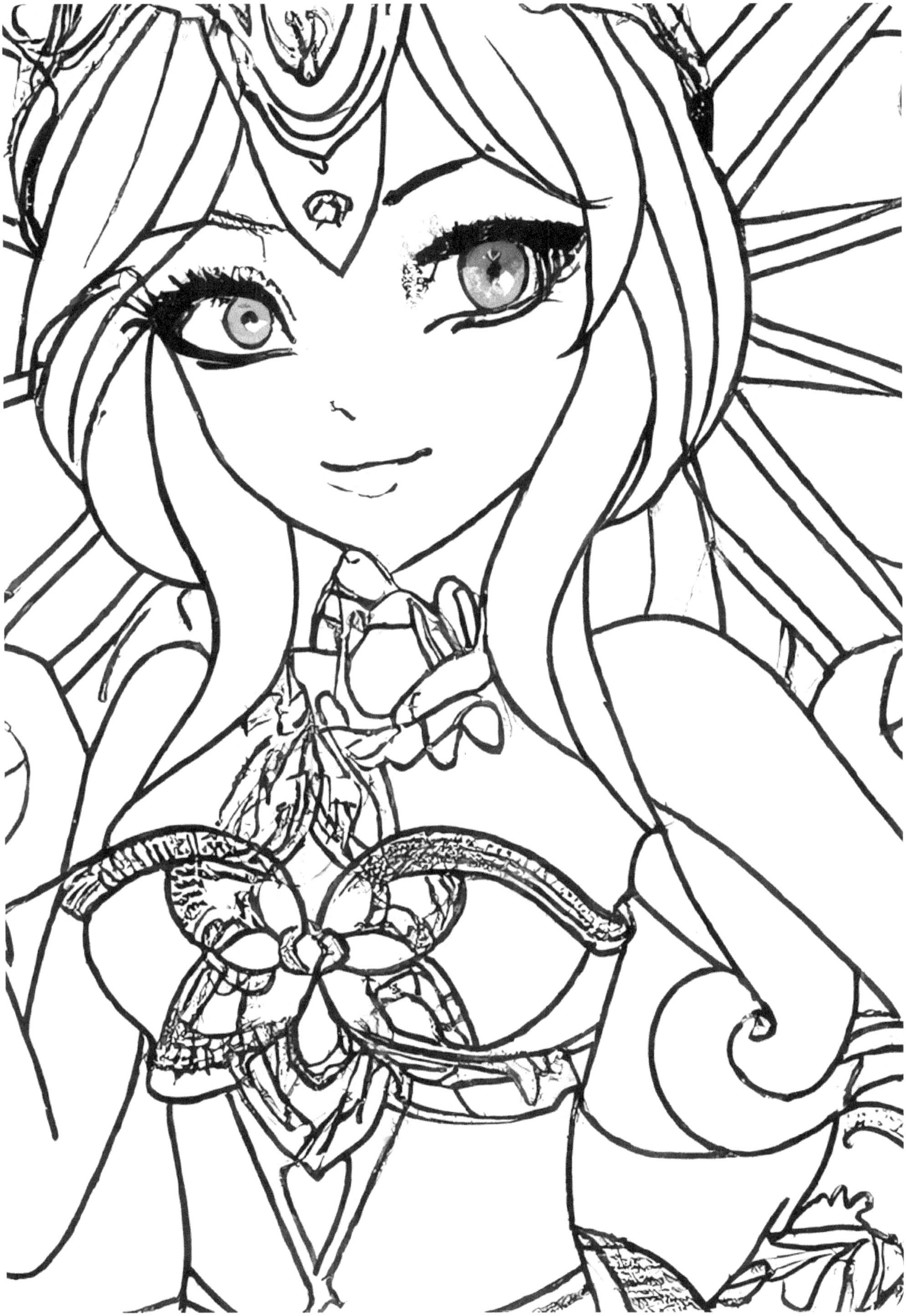

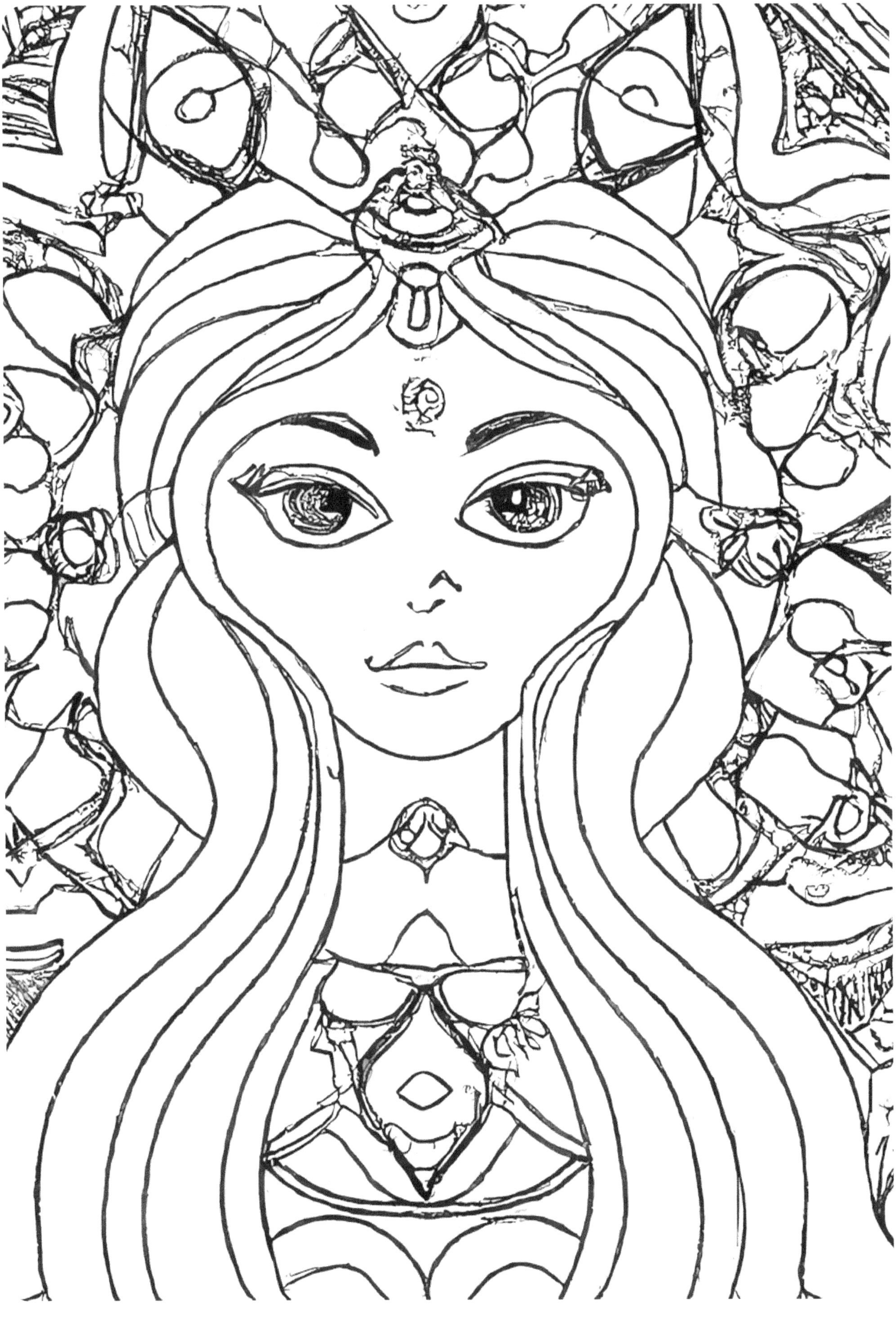

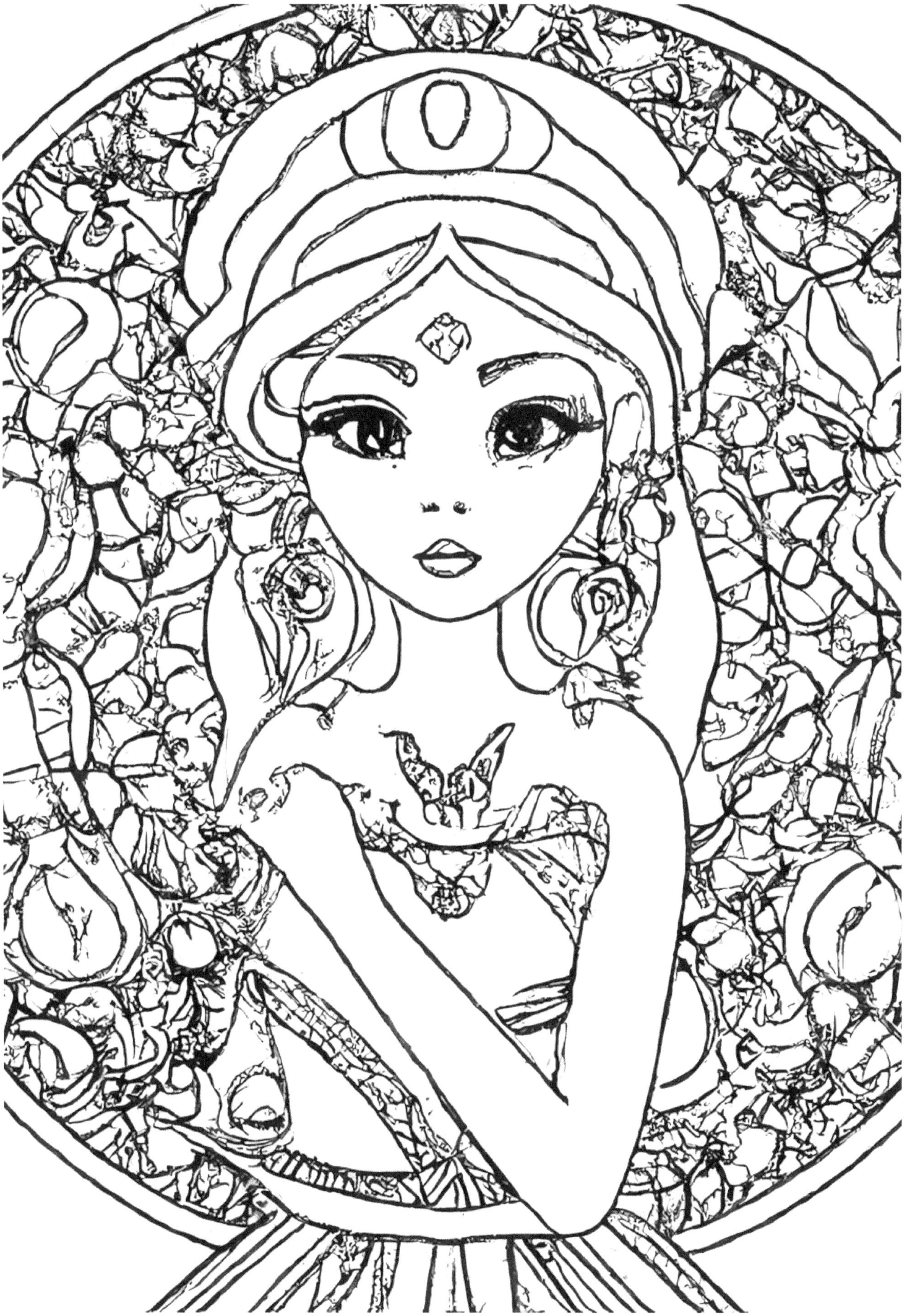

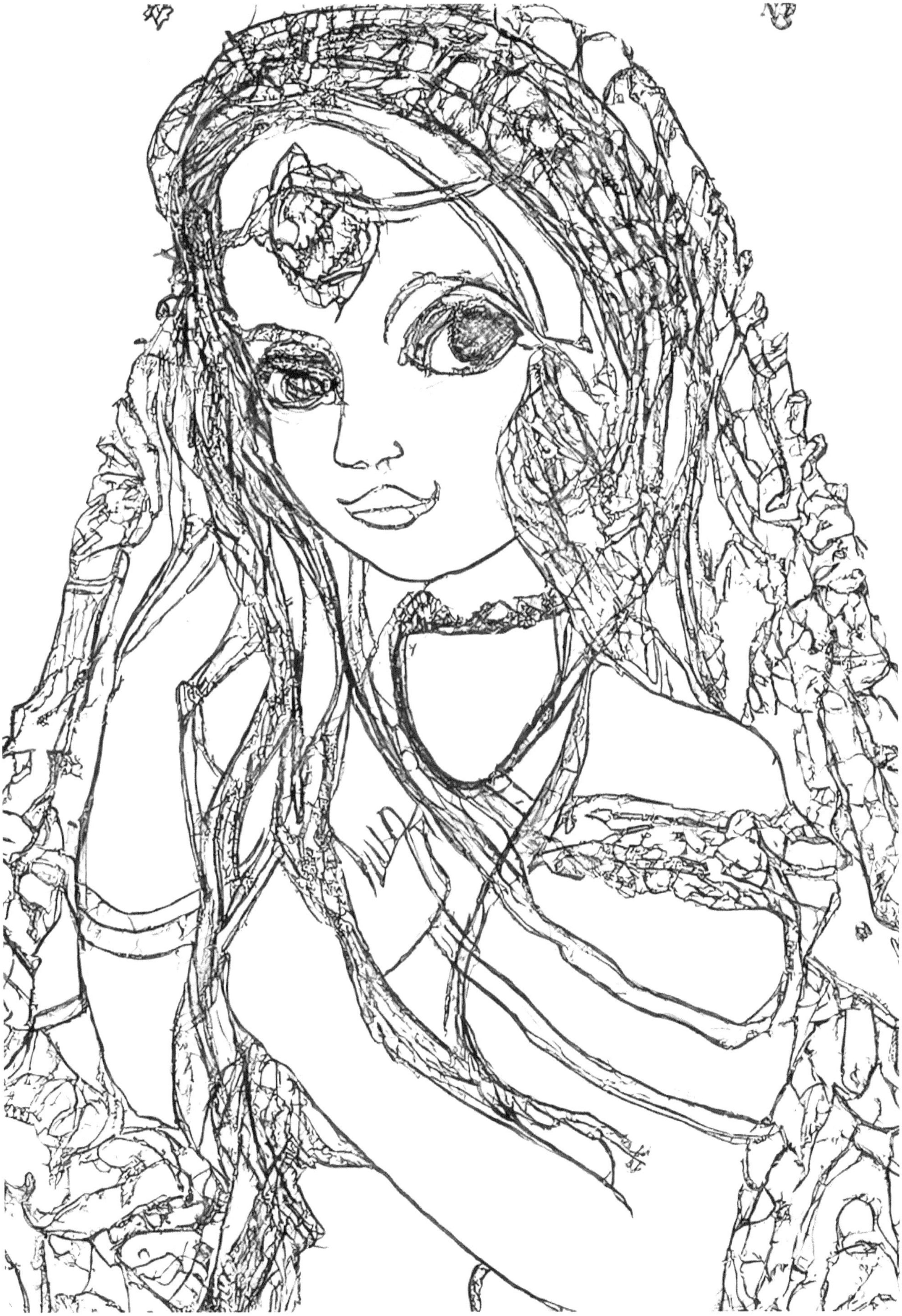

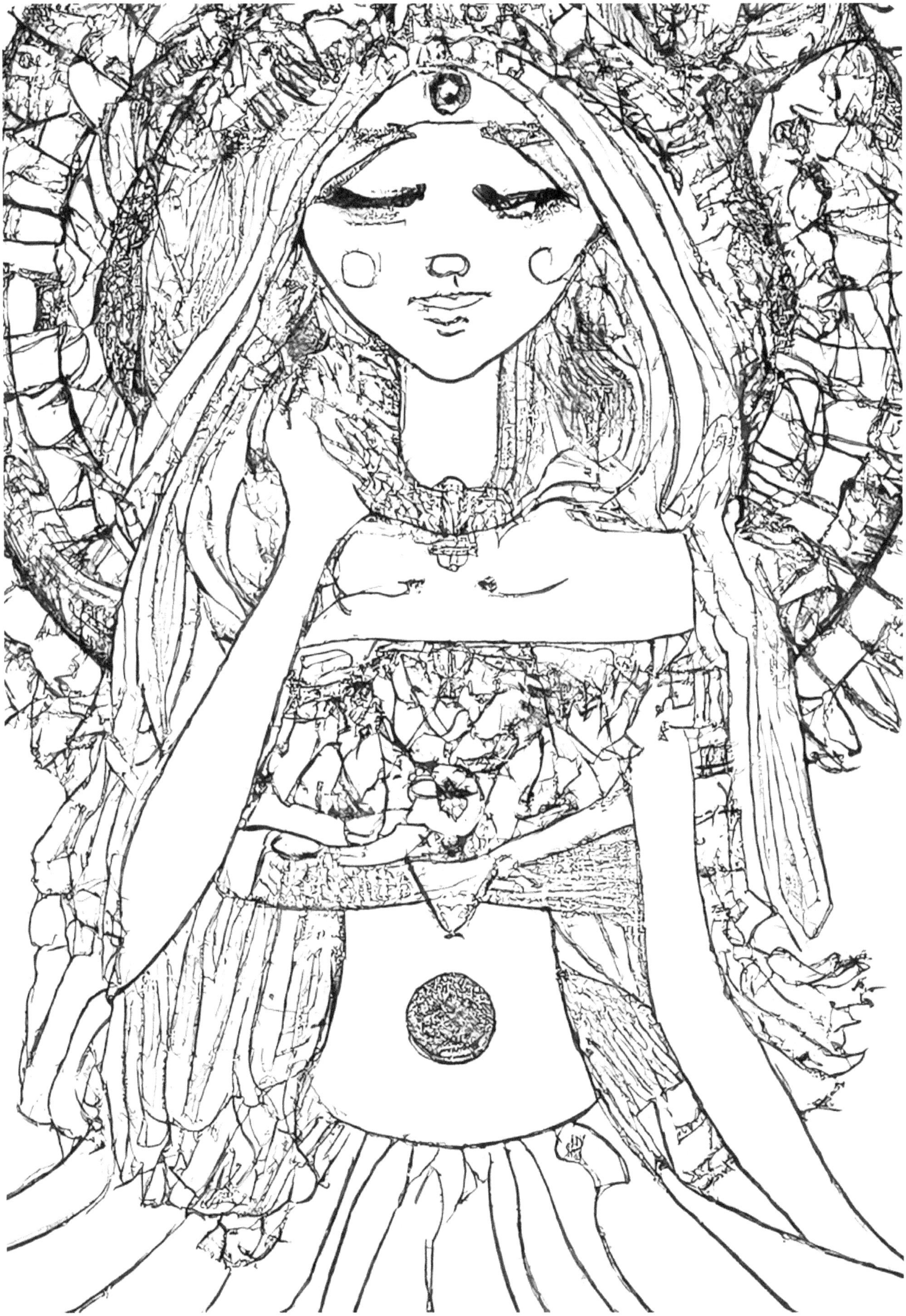

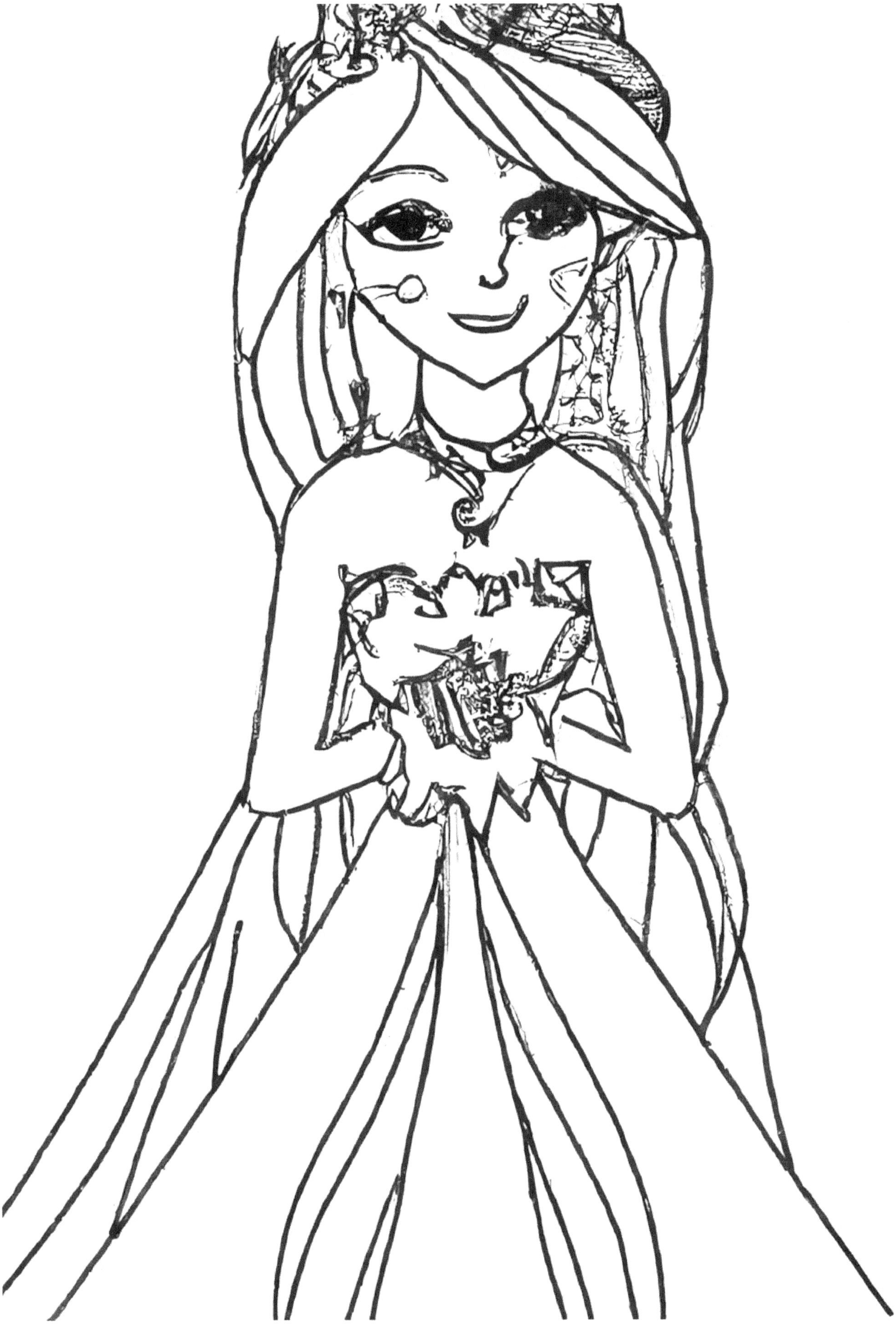

www.ingramcontent.com/pod-product-compliance
Lightning Source LLC
Chambersburg PA
CBHW082147290526
45794CB00008B/3194
* 9 7 9 8 8 6 0 6 5 6 1 4 7 *